圖書在版編目（CIP）數據

拙尊園叢稿 / （清）黎庶昌著. -- 北京 ： 朝華出版社，2017.12
（清末民初文獻叢刊）
ISBN 978-7-5054-4128-6

Ⅰ. ①拙… Ⅱ. ①黎… Ⅲ. ①古典詩歌－詩集－中國－清代②古典散文－散文集－中國－清代 Ⅳ. ①I214.92

中國版本圖書館CIP數據核字(2017)第281734號

拙尊園叢稿

作　　者　[清]黎庶昌

選題策劃　楊麗麗　尚論聰
責任編輯　胡　泊
特約編輯　齊　芳
責任印制　張文東　陸競贏
封面設計　劉敬偉

出版發行　朝華出版社
社　　址　北京市西城區百萬莊大街24號　　郵政編碼　100037
訂購電話　（010）68996618　68996050
傳　　真　（010）88415258（發行部）
聯系版權　j-yn@163.com
網　　址　http://zhcb.cipg.org.cn
印　　刷　藝堂印刷（天津）有限公司
經　　銷　全國新華書店
開　　本　880mm×1230mm　1/32　　字　　數　132千字
印　　張　16.5
版　　次　2017年12月第1版　2017年12月第1次印刷
裝　　別　精
書　　號　ISBN 978-7-5054-4128-6
定　　價　115.00元

清末民初文獻叢刊

拙尊園叢稿

[清] 黎庶昌 著

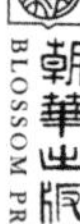

朝華出版社
BLOSSOM PRESS

出版前言

中國自一八四〇年鴉片戰争以來，傳統的農業文明在西方的堅船利炮轟擊之下徹底被顛覆，有擔當的知識分子苦苦追尋，思索社會改革的途徑。從最初的『師夷長技以制夷』到『民主制度，天下之公理』（梁啓超語），他們發現要『强國富民』，首先要『開啓民智』，祇有民衆擁有了獨立思想和批判精神，國家纔能實現真正的强大。在此後一百年的時間裏（一八四〇—一九四九），思想者們從社會變革深入到國民性的改造，用每一部作品見證着中國近代化的遞變歷程。這是一個極其重要的時代，《清末民初文獻叢刊》正是收録了這一時期的作品，大部分書籍都是早期版本，有着極高的文獻研究價值。

清末的中國經歷了『三千年來未有之大變局』（李鴻章語），大清王朝面對西方列强的艦炮，表現得驚慌失措。尤其是鴉片戰争，使『天朝帝國萬世長存的迷信受到了致命的打擊，野蠻的、閉關自守的、與文明世界隔絶的狀態被打破了』（《馬克思恩格斯選集》）。一批士大夫知識分子，尤其是在歐美諸國擔任使臣或者游歷的知識分子最先覺醒，着眼于對西方國家的考察，進而反省本國政治制度的劣勢，可以視作『啓蒙』的端倪。如曾擔任駐英公使（兼任駐法公使）的郭嵩燾在《使西紀程》中以日記的形式記録了自己對歐西諸國的觀感，他在考察了英國的政治制度之後，發現英國政府官員收入超過三百磅者與普通老百姓一樣同等納税，他說：『此法誠善，然非民主之國，則勢有所不行。西洋所以享國長久，君民兼主國政故也。』他明確提出了『民主』，在國家的管理問題上，人民也有參與的權利。他在該書中所披露的西方政治、經濟、文化等領域優于大清帝國這一事實觸動了保守派的神經，立刻遭到保守派群起而攻之，進士何金壽彈劾他『有二心于英國，欲中國臣事之』，他家鄉湖南的民衆對他更是痛加詆毁，以至于滿城揭帖，誣蔑他『溝通洋人』，在這種群情汹汹的情況下，朝廷最後下旨將《使西紀程》毁版，從而使該書成了禁書。然而，書雖被毁版，却不能堵死民衆的傳播與閱讀的途徑，上海的《萬國公報》依舊連載該書，張佩綸曾說：『朝廷禁其書，而新聞紙接續刊刻，中外傳播如故也。』從某種意義上來說，啓蒙是時代的需要，盡管清政府發諭旨禁了該書，民衆乃至一些朝廷大員却依舊在私下閲讀，以便瞭解外部的世界。進步的社會是開放性的，任何企圖『閉關鎖國』的努力都意味着歷史的倒退，衹有開放，與整個世界文明保持同等的步伐，纔能實現真正的强國之夢。當大批知識分子走出閉鎖的國門，親歷了文明的洗禮之後，也就把啓蒙的智識帶回了中華大地。容閎的《西學東漸記》，梁啓超的《新大陸游記》，崔國因的《出使美日秘日記》等一大批作品介紹了海外諸國的政治、經濟、軍事、外交、文化。雖然這些作品在認識上仍然帶有時代的局限性，然而却是那時最爲珍貴的聲音。

另一方面，在學術上，中國文化母體内『經世致用』思想與資産階級思想相結合，也唤起了變革，以康有爲、梁啓超爲首的改良派試圖通過自上而下的革新以實現變革。康有爲的《新學僞經考》《孔子改制考》就是借經學之表論資産階級學説之裏的著作，康有爲的弟子梁啓超更是通過《新民説》一書提出國民性改造。與早期啓蒙者『師夷長技』的器物文明引進不同，梁啓超上升到形而上的精神領域，從文化心理上更加徹底地進行變革。梁氏是清朝末年到民國初年一個橋梁式的人物，被譽爲『輿論之驕子，天縱之文豪』，其影響力不但在學術領域，同時還在文學領域，他所倡導的『詩界革命』得到了譚嗣同、黄遵憲、丘逢甲等人的響應，黄遵憲的《日本雜事詩》，丘逢甲的《嶺雲海日樓詩鈔》都體現了這種主張。這一主張要求反映新的時代和新的思想，用『我手寫我口』（黄遵憲語）的方式直抒胸臆，對長期占詩壇主流的擬古主義、形式主義產生了巨大的衝擊，解放了寫作者的心靈和頭腦。

與社會變革同步的是早期對西方思想著作的翻譯，這裏面影響最大的是嚴復，他翻譯的《天演論》《社會通詮》等書直接孕育了民國一代的知識階層。魯迅、胡適等人在文章中都曾提到《天演論》對他們思想所產生的震撼。與嚴復略有不同的另一位翻譯家是林紓，他的譯作雖然參差不齊，但却在更細膩的心靈層次對讀者產生影響，許壽裳曾回憶，他和魯迅都熱衷于林譯的小説，如《巴黎茶花女遺事》《黑奴籲天録》《迦茵小傳》等作品。

辛亥革命之後，進步社會思潮成爲主流，比之清末思想啓蒙者『求存』的追求，民國以來的知識階層深入到了更加細微的肌理，一方面呼唤社會變革，另一方面進行點滴的建設，革命并不能使所有的一切一蹴而就，在更加深廣的領域，事物的改變是由微觀而宏觀。通俗地説，比之于革命，建設的意義更大。如《中國商業史》《中國教育史》《中國倫理學史》《中國哲學史大綱》《中國小説史略》等一大批作品都是進行系統的梳理與建設的理論作品。其中，以胡適和魯迅二人的影響最大，他們的作品一紙風靡，從而成爲新文化運動的主力人物。

《清末民初文獻叢刊》收録的文獻大致上可以分爲三個階段，其中龔自珍、張之洞、魏源、郭嵩燾、薛福成等人的作品可視爲『早期啓蒙』，康有爲、梁啓超、黄遵憲、嚴復、林紓等人的作品可視爲『中期啓蒙』，胡適、魯迅、蔡元培等人的作品可視爲『晚期啓蒙』。當然，這種劃分并非嚴格意義上的，大部分啓蒙思想者隨着時代的變化，其思想在不斷進步。縱觀整個近現代史，可以發現，要求變革不是在某一個領域，由某一類人發起和完成的，而是全社會的要求。變革，已經成爲全社會的共識。

從清末民初的文獻中，我們能够發現一種豐富性。這些作品涉及政治、經濟、軍事、教育、外交、宗教、心理、情感等方方面面，從内而外地净化着中國兩千年以來的封建積習。它不衹是對社會的改造，更是對人心靈的重塑；它首重國家社會之建設，同時亦重靈魂心智之唤醒；它是宏大的，也是微觀的；它是嚴肅莊重的，也是活潑靈動的；這些作品結構精巧，思想內容深刻，擁有濃厚的人文主義色彩，對推動社會主義建設，實現中國夢有重大意義，是近現代中國一百年來最宏富的智識與情感的寶藏。因此，整理這些文獻作品，無論是出于資料保存的目的，還是爲圖書館提供資料副本，都有不可估量的意義。

特定時代下的文獻，當它一旦形成（既指草擬，創作的完成，也指其成爲一個載體），就不可再複製了，也就意味着它將面對消亡。對于文獻資料而言，越接近歷史事件發生的時代記録，越具有研究價值。文獻本身具有不可再生性，它衹會消亡，而不會增多。盡管文獻本身的文字可以保留下來，并進行傳播，却失去了當時的時代氣息。當時的作品可能在技巧上，文字的成熟度上不及當代，但它所負載的信息，創作者的情感都反映了當時的歷史，也就是説，它具有不可替代的歷史意義。

影印的版本有三個特點，第一是擁有文獻的『原始性』；第二個特點是『未經改動的』；第三個特點是『歷史的原貌』。所謂『原始性』，也就是説，它是第一手資料，而非轉述的，回憶形成的；『未經改動的』，是指未被篡改、删節、挖補的；『歷史的原貌』是指在影印製作過程中，完全依照文獻的原來模樣……這樣製作出版的作品，無异延續了文獻的壽命。

近現代思想史上的一個最重大的思潮就是『開放』，從林則徐的『開眼看世界』到蔡元培的『兼容并包』，都是在倡導一種開放式的胸襟。而《清末民初文獻叢刊》最有魅力的部分就是『開放』這一主題，祇有融入到世界文明發展的進程中，中華文明纔能歷久彌新。

《清末民初文獻叢刊》編委會

二〇一七年四月十四日

凡例

一、《清末民初文獻叢刊》（以下簡稱『叢刊』）爲影印本，舉凡所用之底本，均爲該書之早期版本。有清末刊本，亦有民國印本。

二、《叢刊》均依底本影印，未予删改；原刊本有誤，不予校改，以保留文獻之原貌。

三、《叢刊》所用之底本，因時日久遠存在漫漶的情況，均進行了修復；底本闕文、印刷不清，均保留原貌。

四、爲讀者閱讀之便，《叢刊》中之舊底本目録未標記頁碼者，編了目次；原底本有頁碼和目録，未予重複編目。

五、爲保持文獻的原始風貌，影印本保留了原書書影（原書爲多册，則保留第一册書影）、扉頁等信息。所用底本無相應信息者，則不予妄添，以免錯訛。

目録

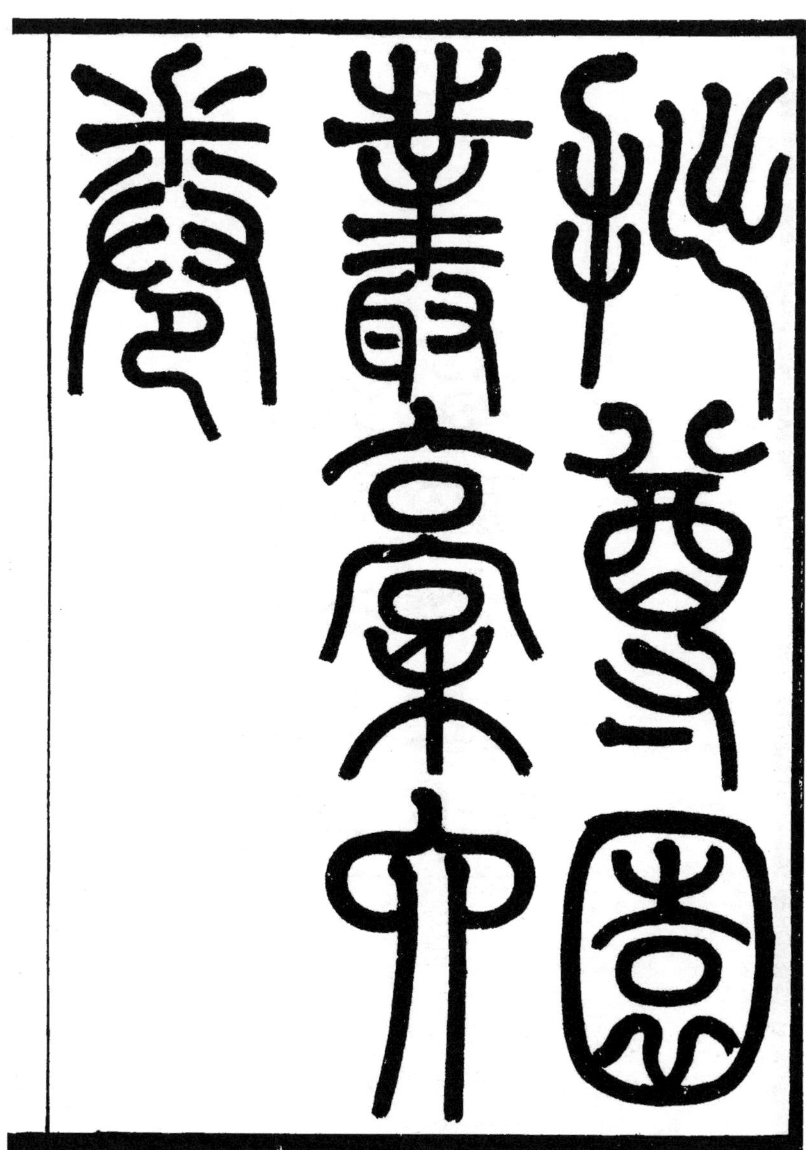

祕尊園叢稾

中卷

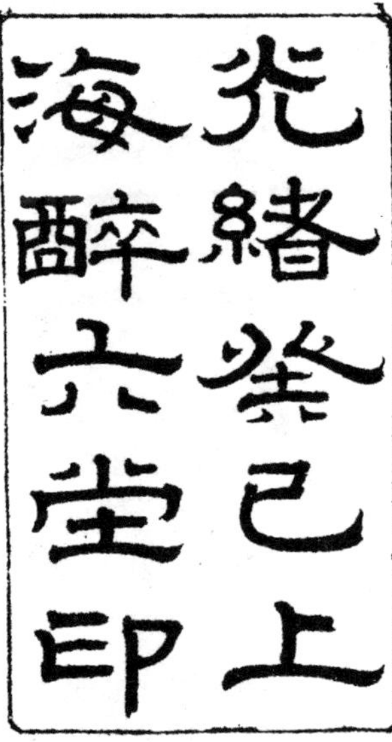
光緒癸巳上海醉六堂印

拙尊園叢稿序

光緒十九年秋余友黎君蒓齋裒所爲古文辭百餘首郵致上海付之石印貽書海外徵序於余余與蒓齋相知久其敢以不文辭當同治紀元蒓齋以廩貢生應

穀皇帝求言之詔上書論時事萬餘言是時河内李文清公棠階以名儒入政府建議宜擢用風示天下會曾文正公駐軍安

慶進劉粤寇於江南

天子命以知縣發往安慶大營差遣中興新政頗有采用蒓齋議者天下因以誦蒓齋之文而想見其人越二年余入曾文正公幕府文正告余幕中遵義黎君暨潊浦向師棣伯常可交也

余始與二君以學業相砥鏃伯常志豪才健不幸遘疾以沒純齋恂恂如不勝衣而意氣邁往若視奇績偉勳可掇契致文正意不謂然顧時時以文事奬勉僚屬一見許余有論事才謂純齋生長邊隅行文頗得堅强之氣鍥而不舍均可成一家言居常誨人以為將相者天下公器時來則為之雖旋乾轉坤之功邂逅建樹無異浮雲變幻於太虛怒濤起滅於滄海不宜嬰以成心文者道德之鑰經濟之輿也自古文周孔孟之聖周程張朱之賢葛陸范馬之才鮮不藉文以傳苟能探厥奧妙足以自淑淑世舍此則又何求當是時幕府豪彥雲集并包兼羅其治古文辭者如武昌張裕釗廉卿之思力精深桐城吴汝綸摯甫

之天資高雋余與蒓齋咸自愧弗逮遠甚文正沒後同人散之四方罕通音問蒓齋蹤迹雖隔而情意益親數萬里外往往互達手書有無未嘗不相通也升沈未嘗不相關也文藝未嘗不相質也蒓齋自出幕府浮沈州縣者近十年充出使英法西班牙三國參贊者又五六年頗以未盡所用鬱鬱不樂既而
天子驟用為出使日本大臣任將滿遽丁內艱服闋復用之前後凡奉使六年適值朝鮮內變強鄰隱集戰艦將駛往襲取其國都蒓齋偵知密電馳報余時在署北洋大臣張靖達公幕府力勸速發兵輪統以大將風馳電邁遂執戎首以歸敵軍遲到半日耳至則內亂已定受盟而退朝鮮無事今傅相合肥李公

追論蒓齋前勞
天子簡授川東兵備道監督重慶新關蒓齋涖官兩年諸所規
畫卓然可觀來書自以生平志事垂老無成若有未慊於懷者
蒓齋蒓齋胡不追味文正之言而不自得若此乎余昔盤桓幕
府靜觀世變垂二十年出而任事者逮十年始知文正之論實
不我欺大凡經世百務機之已至我一措注推挽者四出而助
之非必恃權位之重也機之未至我極經營齮齕者四出而撓
之不盡由權位之輕也蒓齋惟置其難自主者靜以俟時珍其
所固有者聊自怡悅足矣蒓齋為文恪守桐城義法其研事理
辨神味則以求闕齋為師文凡六卷顏曰拙尊園叢稿倉卒未

及鈔示然純齋之文大半皆余所及見其翹然傑出者猶往來余胸中也可傳也時八月既望

欽差大臣出使英法義比四國二品頂戴都察院左副都御史無錫薛福成序於英倫使廨

拙尊園叢稿目錄

大小雅堂詩集序

卷五

卜來款記

尊攘紀事序

儒學本論序

燕集三編序

養浩堂詩第二集序

醫說一首贈淺田粟園

題梅所文鈔

書高松保郎斷腕事

卷六

餘編之外

拙尊園叢稿目錄

拙尊園叢稿卷一

遵義黎庶昌蒓齋

前編

上穆宗毅皇帝書

廩貢生臣黎庶昌謹稽首頓首惶恐上書

皇帝陛下臣愚伏讀七月二十八日星變詔書勤求中外直言特開忌諱冀聆幽隱遺闕仰見皇上寅畏天命勵精圖治之至意臣竊幸詔書一下必有直臣烈士披瀝肝膽昌言讜論侃侃諤諤指陳利害以聳動天聽為一代除積弊為萬世開太平為國家固本根為生人振氣節上以回天變下以盡人事乃涉

月踰旬而王公宰相無有言者督撫大吏無有言者甚而至於臺諫諸臣亦無有言者臣愚區區之心不勝憤悶謹應　詔昧死為　陛下一言臣聞天道福善而禍淫氣和則致祥氣乖則致異祥多者其國安異多者其國危此天地之常經古今之通義也故聖人因天道以慎人事春秋二百四十二年間日食星隕山崩川竭螟螽旱潦雨雪冥晦之屬無一不備書以明天道之至嚴而可畏不可以纖小忽也周衰聖王不作陵夷至於秦漢以還禍變日甚災異尤多然其大者為危亡傾覆之徵小者亦政治敗忽之驗歷史所記殷鑒昭然不可誣也自　陛下即位以來纔期年耳上年冬地震金州雨雪不作今年正月日三暈二月星變春夏之際陰

霾晝晦者數日大風揚沙塞河河北旱蝗四起陝甘大水漂没總督秋京師等處大疫死者相望廣東颶風震括千餘里人民傷亡萬計七月星隕彗星又見於西北此皆異常之變稠見疊集於一年之内以警戒於　陛下非小小災異之事可為寒心者也　陛下知天命之可畏深宫修省乾惕以弭其變故　詔下數日而星象滅亡雖大戊之化祥桑成湯之禱旱雨無以加茲以此見天人之際感應至捷又不可誣也然則革今日之積弊行先王之德政而休祥有不立至變異猶有復作者哉臣願　陛下察臣愚而寬臣罪　陛下深處法宫之中尊居九重之上庶僚莫能覩其面豪傑莫由進其忠雖殫精極思竭蹶以圖天下之治而本末輕重利

害得失既不能周歷而洞悉又未能合天下之才智熟思審處以維萬世之安徒委之諸王大臣諸王大臣不盡深思遠覽敢於任天下之重逡巡塞責而已夫天下大位也治天下公事也　陛下居天下之大位辦天下之公事將撥亂世反之正不進天下之英賢傑士而與謀根本不拔之基創生民未有之業徒以引繩削墨拘文牽義坐致乂安此亦卻行而求前者之計也臣觀今日大勢猶賈生所謂病腫四肢不能運用竊恐日削月弱瘦憊不起之證深中膏肓一旦元氣厥絕而國有不濟之患矣賢才者國之元氣也人無元氣則亡國無元氣則滅乃者　陛下亦嘗汲汲以求賢為事矣然而一歲以來奇材異能之特進者誰也鴻識博學之顧

問者誰也山林隱逸之辟召者誰也末僚下位之汲引者誰也公卿大臣之薦剡者又誰也　陛下有求賢之意而諸臣無求賢之心即有求賢之心而　陛下又不示以求賢之格於是天下之賢才銷亡淪滅於草莽中而卒無以自見過者或至目天下為無才豈不謬哉今之言求賢者動曰循例夫循例則人人皆可自進而無待於　陛下之求之也賢才者將以備非常之用愈求愈出而非可以例限者也設例以待奇傑之士彼既不樂俯而就而又往往以跅弛見黜良臣志士復扼於例而不得盡其才充例者類皆庸陋宂闒不足以計議天下大事三者皆執例之咎　陛下因循而不變無惑乎天下之糾紛舛謬王政不綱百度訌潰至於此極

也　陛下誠能掃除一切文法準漢代求賢之意參之以司馬光十科之議責諸臣以求賢歲訪其才之所宜書而進之不時拔用賢多者受上賞壅蔽者蒙大戮不必限軍功之一途不得棄幽隱而不舉　陛下博以諮之寬以收之量以用之行之數年間臣見中國元氣振而痿儽之證可徐起矣夫中國者天命人心之所依歸也衣冠禮樂之所萃聚也百代聖君賢臣之所維持以至於今日者也自周之衰嬴秦迭興殘虐生民為中國一大變五胡雲擾冠履塗炭為中國二大變五季之際紛爭戰伐五十餘年黯無天日為中國三大變金元禍宋古所未有為中國四大變四變之中益以三大害楊墨之無君父一大害也黄老之清靜無為二大害

也佛氏之虛無因果中於人心牢固而不可破三大害也中國經此四變三害而天地之正氣幾乎息先王之禮樂法度掃地盡矣我　聖祖皇帝以堯舜之德修文武之政使天命人心有所依歸使衣冠禮樂有所萃聚使百代聖君賢臣之所維持者敝壞而復整是以天下為壽為富且二百年至於今日英法諸夷之禍合四變以為一大變者也耶蘇之教合三害以為一大害者也堂堂中國坐令數千魑魅罔兩橫行而無毫髮之忌憚恣睢不道惟所欲為此天地神明之所震怒忠臣烈士所痛心疾首憤不顧與俱生者也　先帝壯狩之痛天下臣民未嘗一日忘諸心也　陛下豈肯舍垢蒙恥隱而不言置而不問以聽中國之斃哉外夷之志在

中國不自今日始也乾隆嘉慶之際窺伺已深當時中國元氣尚厚惟以優容示為寬大而不知遺禍之烈至於如此若再姑息隱忍臣恐數十百年後挈二百餘年衣冠禮樂子女玉帛之天下一旦被髮左衽於夷狄變人類為禽獸化孔孟為耶蘇盡四民為行教稍有變動而中國不可復問矣 陛下鑾輿返正已久不聞進天下賢豪與王大臣等議所以控馭之方籌所以防備之策思所以殄滅之道而姑息之苟安之不知外夷豺狼之心制之受其害不制亦受其害制之害速而淺猶有再振之機不制禍大而遲終成噬臍之患從古至今中國之與夷狄未有不以和議而倖存即以和議而致亡者也春秋許九世復讎 陛下奈何不以大義聳

動天下之人心禁罷一切奇技淫巧使激厲奮發人人深惡痛絕思報君父之大讎如其私讎羣起而攻之而中國始可圖矣斯亦今日中原盛衰消長之機而皆繫之於　陛下者也今日人心之所以敝壞國家之所以孱懦不起者由　朝廷無以策勵而倡導之也　陛下即位之初新政屢出人人翹首引領以謂中興旦夕可致及行之數月而氣亦漸餒矣孔子曰欲速則不達孟子曰進銳者退速中庸惟稱至誠為無息三者之間是不可以不深省也

陛下之氣正則天下氣正矣　陛下之氣衰則天下氣衰矣

陛下上承　先帝付託之重下繫四海元元之望宵旰求治以冀中興而以文墨取人以律例舉事是猶繩騏驥之足而欲為千里

之行也今日之弊其亦可謂多術矣言慎法則胥吏弄法言課官則百司曠官宰相卿貳不擇賢愚但依銓次以充數督撫大吏不問能否但憑資格以遞升分滿漢以設官則非官不必備之義守令輕於遷調實為擾亂生民之階民隱不得上聞恩澤不得下及疏通正途而官方仍窒求進直言而極諫未聞言財則財日窮言兵則兵日玩言教化則教化不行言風俗則風俗不厚凡此皆亟宜更張之弊而　陛下今日之所未行者也臣請為　陛下切指之胥吏弄法此不持大綱之過百司曠官此不責實效之過授官論銓次進人以資格此惰於量才之過民隱不上聞恩澤不下及此粉飾太平之過官分滿漢此畛域太明之過輕用守令此疏於

民瘼之過官方不澄此不愛名器之過直言不進此畏聞咎失之過兵日玩財日窮教化不行風俗不厚此安於積習不思變通之過 陛下為天下父母為中興令辟尚不能掃羣弊而空之更誰望哉是以朝廷之上因循遷就翕翕訿訿不特大疑大難相顧愕眙而不肯任即小小勞怨亦且退避不遑遇艱難輒曰無法敉輭媚稱為合時以盡忠孝者為大愚以講利弊者為多事無正色率下之義無進忠納誨之心無推賢讓能之美無以死勤事之節素餐竊位廉恥道消此乾綱之所以岌岌欲墜而 陛下中興之治徒遷延歲月鋪張具文而無與收實效也 陛下即位之初亦嘗憤中外之緘默而大計之無聞矣故聲靈一布遐邇震動將奇齡

進中興之策王柏心陳經論之篇海內嚮風正氣伸雪不可謂謀
國之無人矣乃前者御史曹登庸以多言貶官職員麗鶴年奏陳
封事不聞獎進以作敢言之氣培忠直之原而反以越職編管自
是之後言者寂寥此可見天下有以測　陛下之意向而緘口卷
舌以退矣天下莫不願　陛下之稍假顏色而欲為效忠瀝悃也
慮　陛下不由斯道也不由斯道則壅蔽之患起矣前此求言之
詔數下然其大旨不過循例內責之諫官外責之大吏而已而
於士民陳獻之路仍未開百司職事之禁仍未弛國家之大計仍
未盡去其忌諱也多忌諱則採納皆虛矣禁陳獻則聽受不宏矣
陛下何不大開天下忌諱使人人得自盡其愚則諫諍之氣伸

而萬世之議出矣天地剛毅正大之氣散布於中國中國人士必有當之者不應至今日而不發洩然臣觀今日士氣頹靡頑墮而不振此獨何也臣又有以知陛下取之不以道也古者鄉舉里選猶以考行為難後世變科目以取人一切已非先王之舊然猶諮以時務兼舉行誼而又廣為科目以待之尚可得才於十二三今盡困天下之聰明才力於場屋中而場屋之士又盡一生之精力不為效命宣勞之用徒用之於八比小楷試帖無足用之物天下貿貿莫聞大道而其試之也又第取之於字句點畫間其亦可謂靡靡無謂之術矣使天地剛毅正大之氣消磨沮喪而無一復存術不遵孔孟程朱而墨守王安石之經義士不講修齊平治詩

書禮樂而專講小楷時文世不尚禮義廉恥而尚鑽營奔競朝廷以此望士士以此報效朝廷以故人心日壞人才日下風俗日隳皇路荆榛聖道息滅悠悠長夜良可痛也臣愚以謂程文之士資格之官殊不足以當度外非常之用而又竊怪陛下抱用賢之美意樂於求才而疏於識才急於取才而略於培才獨不罷去一切八比小楷試帖之弊兼舉德行才能文學與夫孝弟力田茂才異等之屬以復前代取士之良法也陛下之喜怒天下之真喜怒也喜則必賞怒則必罰天下謂之真賞罰往者肅順端華等之大逆為天下所切齒陛下奮雷霆之威以誅之天下莫不服陛下之至神頃者何桂清以誤國罪魁江表人民欲食其肉陛

下徇私情而不誅天下於是惜 陛下之不斷夫賞罰者天子之所與天下共不得而私者也賞罰乖於上羣情懈於下 陛下方奉 矢行討將帥如林海內豪傑喁喁內向冀成雲合響應之勢而賞罰一乖自失重望此不可解之事矣 陛下之賞罰壞則天下之賞罰無一不壞舉可惜矣名器者賞罰之大端用人之先路也今開捐籌餉借名器以濟天下之窮宜可以裕度支矣而 臣見近年以來捐例日繁捐價日減報捐者日以多四方之告匱者復日甚一日得不償失有明徵矣 陛下處 祖宗極盛之後奈何以天下黜陟大柄反覆於部議假手於吏胥受賣官鬻爵之名為直尺枉尋之計競奔海內流毒朝廷百姓因以受其殃 陛下莫

能正其弊此亦非萬世之利矣無論非常偉出之才不樂由此途國家用人之法不必以此重而堂堂中國三綱五常之所繫政教典禮之所出戎夷蠻狄之所瞻仰自令官方混濁善惡不分姦宄同流貪婪雜出斷非 聖朝之所宜矣鄙夫孺子今日入兌明日升庸而與公卿相揖讓商賈皂隸今日釋褐明日居官儼然執國家之大權君臣上下惟見以利相接 臣憂其國之危矣傳曰禮義廉恥國之四維四維不張國乃滅亡今日之勢何以異此故 臣竊謂今日之積弊未有如開捐之糜爛者士不必讀書而躋大位民不必耕種而服美官天下之人見其取之至速且易於是苟有積蓄者輒思為此苟且至便之計羣趨衆騖如蠅蚋之集朽腐而不

返不特無以抑生人僥倖之氣養國家廉讓之風而反令天下之人以為民為恥其患非淺鮮矣　陛下建中興之治十已四五而此端不塞臣實病之名器之壞如此因之有官宂之害內而王公宰相以下其名以數千計也外而督撫將軍提鎮以下其名以萬餘計也此猶正額也而每歲科目之所得開捐保舉之所進又數倍之綜計天下之官當不下十萬人而僕役書胥幾數什倍者尚不在此數夫開捐則濫濫則易易則人人視官為私物幾成子孫世襲之珍而富家便利矣官宂則滯滯則貧貧則無所不為而寡廉鮮恥矣二者交為國之大害也國家有此無業之民既不能自食其力必安坐袖手以待元元之養而百姓方流離瑣尾無一日

之安無一省之靖男不得耕女不得織加以軍輸追迫有司侵漁未有窮極尚冀其能安貧忍死而無橫潰決出之虞哉臣恐河北之餉馬江浙之長髮皖豫之捻匪黔蜀之苗教滇秦之回紇從此不可復制此消彼長迭為 宗社隱憂而危亡之轍見矣臣竊計今天下其危道有十二而賊與外夷不與焉開捐取利上下交征一危也冗官蕪雜貽害百姓二危也捐釐抽稅刻剝無已三危也律例牽掣百度不張四危也空言粉飾務為太平五危也言路不宏見聞多隘六危也士無實行正氣不伸七危也禮義廉恥上無倡率八危也官人不擇援例是銓九危也州縣無權濫授輕調十危也兵制破壞散漫不修十一危也財源閉竭不思變通十二危也

不特如此京師亦有十危焉無勁兵一也無一月之儲蓄二也多游民三也盜賊公行不用重典四也旗人坐食毫無生計五也商人把持物價踴貴不常六也律例屢更法令不一七也戶口繁重無所統紀八也官祿不給無以養廉九也間暇時日不策備防十也凡此危道不除而欲底治天下豈不難哉乃者　陛下亦嘗除弊矣然除之不盡不如勿除為其除與不除等也亦嘗興利矣然興之不力不如勿興為其興與不興等也夫治國猶張絃作室也絃壞不取而更張之絃不可調也室圮不從而改造之室不可居也非更張而遂謂前人製絃之不善改造而遂謂前人作室之不堅也今國家大局敗壞若此　陛下第用守而不用創不知法敝

不變則不可守事繁不省則不可守人才不更則不可守積弊不去則不可守律例不寬則不可守臣愚以謂今日之事當用創為守而後天下乃大可為也　陛下何不鑒前代治亂之故考今日得失之由重守令之權講取士之法寬用賢之格宏聽言之路除宄官之害罷開捐之途去滿漢之閡破律例之習復鈔幣之法修兵政之壞延攬天下賢才開誠布公與之籌根本不拔之基創生民未有之業庶足以恢宏國脈而光　先帝舊德也　陛下以沖齡踐阼孜孜求治志在中興又有　兩宮皇太后親裁大政和衷集事用以宏濟於艱難誠百代之昌期矣故臣敢昧死上書言事粗陳大略而亦不知其言觸犯忌諱也昔宋當南渡之後君臣上

下安於一隅亟聞恢復之説陳亮以一書生猶數上書陳當世利害欲以感悟孝宗況　陛下大一統之君同符　聖祖虛己求言樂於聽受顧可　詔下月餘而無一人竭忠盡愚以塞　陛下之清問哉　陛下不以臣妄愚不肖賜之優容俾臣得竟其説條具數事以聞此尤區區犬馬微誠不勝大願干犯　天威罪當萬死

臣謹言

上穆宗毅皇帝第二書

廩貢生臣黎庶昌謹稽首頓首惶恐上言

皇帝陛下臣頃者不自揆量妄論世務上瀆　聖顔干犯忌諱退而席藁私室以待　雷霆之威逮奉　詔書　陛下匪惟不加譴

責曲賜優容並　諭命臣條晰其說臣今者是竭忠盡愚以報

上之日也臣聞自古天下有治人無治法孔子亦曰人存政舉治世之要不出此兩言而已得其人則雖進今日為三代也可不得其人則紛更擾亂以圖一日之安不能也今天下大弊臣愚前書已畧具矣臣不復贅惟在　陛下之因時變通而已夫天下之變無一定之局也以無定之局而執一法以繩之法終必至於窮而於變仍無濟運用之妙又在存乎一心而已　陛下虛己求言含宏若此臣不敢不盡愚謹遵　聖訓將臣愚前書所謂重守令之權講取士之法寬用賢之格宏聽言之路除冗官之害罷開捐之途去滿漢之閡破律例之習復鈔幣之法修兵政之壞數事有所

見者類具以　聞至於變而通之神而明之以創為守之法非區
區愚臣所得而盡也惟　陛下垂意則幸甚
一求賢為今日第一義應請將司馬光十科用人之目頒之天下
倣漢舉賢良文學例飭京外大吏四品以上各舉所知每歲依科
省舉數人不限以數亦不得踰十人以上務求慎重無論山林隱
逸布衣搢紳末僚下位皆得被舉由地方官給咨入京許馳驛
朝廷試以事或如漢以鹽鐵發論反覆詰難能自理其說者量才
官之彙效者不次超擢毫無發明者放還大吏無真知聽其闕而
不舉如舉主係請託受賄或參劾或訪聞與被舉者同坐罪
一軍功保舉仍聽照常惟當立之限制嗣後非克復城池不得入

奏一切勝仗歸克復彙案保舉保舉之格分三等戰功為上助理
軍餉者次之防堵團練文案為下除戰功外理餉防堵團練文案
數者非二三年不得敘功保舉之人必所辦之軍務平始令其選
缺赴任如其人不在軍營託情受賄保舉者坐罪與上法同

一內而宰相尚書侍郎都御史外而總督巡撫布政使或致仕或
遷調或臨沒應許薦賢自代

一一省治亂係守令天下治亂係督撫督撫權重尤宜擇人應請
嗣後勿以資格躋升必擇素有功業風節凜然者除授外此守令
宰相尚書御史五者亦不得拘以資格除授慎重與督撫同皆勿
輕遷調以責成效

一京官當用守令今一二品大員尚有自外召入者三四品以下悉由内放並無外召昔張九齡有言古者刺史入為三公郎官出宰百里致理之本莫若重守令凡不歷都督刺史雖有高第不得任侍郎列卿不歷縣令雖有善政不得任臺郎給舍應請今後授官京外並用凡九卿科道之屬許以守令召入補授

一漢武帝從公孫宏之議下至郡太守卒史皆用通一藝者唐高宗初詔諸司令史考滿者限試一經宋孝宗時臣僚亦言吏事必歷而後知人才必試而後見為縣令者必為丞簿為郡守者必為通判為監司者必為郡守故唐宋以來吏皆以進士為之今則不然一切佐雜之屬皆視為俗吏而吏真不可為矣應請稍重州判

縣丞等官資望即以進士及舉人大挑揀選拔貢為之考滿始升為令至翰林一途明初為修史而設後定庶吉士之額此途目為清要今則大者出即督撫小亦府道實啟浮競之風應請今後庶吉士散館轉為部曹若撰修國史及他文章論著即以薦辟中之博通經史者為之或致仕之官有學問者亦可充此選

一科舉取士誠不可廢惟今八比小楷最空疏無謂應請罷去倣朱子議第一場易詩書為一科三禮大戴為一科三傳爾雅孝經為一科四子書為一科凡四科科出經義一道答義者先條舉注疏及後儒之說既備然後以愚按結之曲暢其旨其不條衆說竟入己意者雖通不中格有司不依章句截搭配題者降級第二場

周程張朱陸為一科孫吳武經為一科管荀老莊董賈揚文中為一科國語國策史記漢書三國志為一科晉書南北隋唐五代宋遼金元明諸史為一科凡五科子史論五道第三場時務策三道為一科詩一首為一科凡二科三場並用無軒輊會試亦然至取士之額寬則人多倖進應請今後鄉會額減十之二生員額減十之五副榜悉裁

一府縣提學小試分為四場先經義二道次子史論二道次時務策二道次詩賦各一道至拔萃優貢二途尚有鄉舉里選遺意應請嗣後飭提學專取品行識量非此雖稍有文采者不入選

一殿試應請倣賢良文學直言極諫等科意策問當世大務許其

悉意敷陳無所忌諱勿拘以字跡如有董仲舒劉蕡文天祥之才者　特旨再三策之盡其所長首擧以為士林勸朝考論疏詩如故

一絕學如歷算樂律測望占候火器水利之屬各設為科以附於鄉會試後不定額有應者試之果有發明與擧人進士一例進取不能則罷無則闕

一郡縣學官毋得出自選除應由郡縣公議如書院例請有學行者為之自布衣以至宰相之卸事者皆可其人有干清議聽郡縣公易之至大學祭酒應選當世大儒待以賓師之禮其重如宰相等或宰相尚書退處為之入學讀書者由廩生以上皆聽勿用捐

納以端進始教之必以經世大務及先王禮樂制度之屬崇尚氣
節為天下先朝政缺失許其直言
一開捐枉濫名器不重前書已具而臣猶有說者或四方奸宄挾
貲入京借報捐為名與公卿大夫往來交接訪聞中外密計與賊
暗通消息未行而賊已知此弊尤密應請京外一律停止以詔
下之日為斷其已捐者聽惟飭各省督撫量加澄汰貪劣庸陋者
陸續罷還鄉里餘一體錄用有異績者仍不次超遷
一總督按察使道員提督皆係冗官冗則費繁而大者尤甚應
請裁官自此數項始歲可省百萬之費巡撫視如總督布政使視
如巡撫兵刑錢穀驛務之屬俱布政使總之許照六部例省併照

磨經歷庫大使為六科掾科一人以進士為之知府視如道知縣視如府州判縣丞之屬亦畧重提督則巡撫兼署而總兵視如提督副將以下其權以次遞推此外二品以下文武酌裁十之二六七品以下文武酌裁十之三則費省而事少矣

一今日貪取之風膠固於人心而不可去者以俸祿之薄而無以贍其用也漢書言王莽時天下吏以不得俸祿各因官職為姦受取賕賂以自供給唐楊綰為相承元載侈汰之後欲變之以節儉而先益百官之俸宋太祖亦言與其冗官而重費不若省官而益俸今請痛裁冗官即以所裁冗官之俸薪養廉加增於未裁之官京外一律而於守令宜尤厚然後衙門陋規及一切節壽門包之

屬始行禁止嗣後有奉法不力貪鄙無狀者按律治罪不貸

一究官既裁守令之權重寬一切文法處分使便宜行事慎擇其人與督撫等久任之勿輕移調凡有興革利弊必令始終任其事嚴定考課法清廉不阿肅清境內盜賊者為上修地利崇學校勸農桑勤訊獄者次之平穩無過失者下三年考績如此者俱再任六年如法考之有為士民愛戴如漢循良者巡撫臚列事跡以奏

特旨褒嘉崇其職而不遷惟貪墨者隨時奏劾立予罷斥削職為民

一用人之法惟求其當今國家滿漢太分是亦一弊在　朝廷大公黜陟原屬無私然如宰相尚書侍郎之屬必曰滿幾缺漢幾缺

科道以下無一不然既存其名即不得泯其跡應請今後凡滿漢之名並列者悉除去不拘補授滿人而當悉用滿人不為私漢人而當悉用漢人不為過詩曰普天之下莫非王土率土之濱莫非王臣願化此畛域之見

一古無諫職人人皆可以諫設以官而言路反隘應請今後蕩除忌諱之禁內官無大小皆言外官由知府以上許專摺論事武職斷自總兵而止州縣有陳民間疾苦者許由知府上達士民陳大計者聽亦不必應　詔始言言有可採錄用施行御史如故

一紓今日財富之困窮宜莫如行鈔製鈔一依舊制惟分等不宜繁碎應以五千貫千貫五百貫為大鈔百貫五十貫為中鈔十貫

二貫為小鈔大中鈔裝潢成卷小鈔亦裱糊務極精好大中鈔當會票之用小鈔當錢票之用二貫以下無鈔者仍鑄精好制錢以便流通之用外以金玉水晶銀銅刻為五印命官掌之大鈔鈐大印五中鈔鈐中印五小鈔鈐小印五先行京師以次頒於各省布政使印記發各府各府印記發各縣各縣印記發錢莊錢莊印記然後發行民間期以三年通行不必分畫疆界此省之鈔可用於他省此縣之鈔可用於他縣令於通衢大邑設立辨鈔之人以防作僞民有誤用僞鈔者不加罪惟根究其作僞之人斬之私減鈔價者治罪告僞鈔者賞行鈔之始必先重入下令天下凡錢糧關稅悉皆收鈔二貫以下收錢勿畸輕畸重以鈔為母錢為子子母

相權始能行之久遠凡京外出入非鈔勿納務使鈔之在手與現錢無異鈔本即計歲帑為之如歲入百萬之帑即可造百萬之鈔鈔出之始許民以銀易鈔鈔既通行始禁民間不得以銀為幣凡監造之官制鈔之人地方官奉行無弊者量予議敘加級頒行之時明定則例布告天下不得有意輕重亦不得格外勒索行之既久鈔有昏爛者許解部焚毀如此則無成色無扣折賫輕用便破用銀之見而鈔無不可行矣惟宜堅之以信出之以斷宜多行而不宜少行宜久行而不宜暫行宜必行而不宜試行宜速行而不宜緩行從前寶鈔之壞由於民間得之者不能取銀又不能交庫價由是日賤而各部各院及崇文門之領款者俱不肯收鈔頒發

各省者又沮以不得搭解部庫一語其他關稅各處仍是取現銀
買鈔解庫後井田科案發至有空紙易現銀之說而寶鈔爲棄物
矣然今尚不至於全廢者賴捐銅局搭收之故今若行鈔必追究
已往之失改易章程不特今新制之鈔許行即寶鈔亦舉而行之
而民始信民信而鈔行決矣昔順治中嘗造鈔十二萬後因充裕
停止　陛下以同治建號行鈔非法　祖之一端乎
一營伍散漫非聚不能成勁旅應請倣于謙練十團營之意籍天
下正兵多少之數其始以調防爲詞合諸汎之兵歸諸營汰之上
其籍於標又合諸營之兵歸諸標汰之上其籍於督撫督撫稽其
數酌量分駐於各州縣城池以備調遣如境内有搶刼盜賊即由

守令調遣捕之督撫留精壯數千制爲一大營領以將置之居中要害之地以備非常小省以二萬五千人爲度大省以三萬五千人爲度南方即以現募之勇充之有大賊起或入境督撫即日徵發起行前驅以擊賊於是營制合而無零星之弊浮額裁而減軍費之需計當無便於此者

一兵之强弱視乎將將之應變不窮視乎帥將才易得帥則難其人今之帶兵者有總督有巡撫有欽差有督辦有幫辦有團練大臣有將軍都統有提督其權皆相等權多則不能合一而意見紛歧往往敗事今以現有軍務省分計之應請江蘇安徽浙閩等省立一大帥山東河南直隸陝甘等省立一大帥雲貴四川立一大

帥其帥即以應裁之總督留三缺以處之巡撫之屬悉聽節制或裁撤之庶足以重事權而歸畫一

一京師東倚大海西擁太行北負長城南顧河洛誠天府之固金湯之雄然無事則尊居上游有事則孤懸一角非勁兵不足以資鎮衛應請籍五城之兵澄汰老弱多則裁少則募無論滿漢俱可充額以二萬人制為營分屯五城選膽識之將為統領晝則習技夜則更番捕盜並附近京畿一帶餉馬隨時襲擊一有警急召則立至但須合五城之權於一人而又勿拘以咨調之常格有事徑報統領斯可耳

一八旗生計舍屯田別無良策臣 按嘉慶中富俊為吉林將軍奏

屯雙城堡分為中左右三大屯三屯之中通為百二十屯每屯鑿井二井給銀十八兩每戶窩棚銀四兩每丁給三十晌先開熟二十晌五年徵糧二十石移駐京旗到日撥給熟地十五晌荒地五晌通二十晌餘十晌荒熟各半給屯丁三十戶京旗三十戶三大屯議移駐京旗三千戶每歲移駐二百戶願移者十月報部次年正月起程每戶給裝銀三十兩本旗津貼銀十五兩車馬耕牛農具耔種皆官給到屯後每戶給屋四間官為之建計移一戶不過在二百金道光中行之已有成效後富俊又欲廣其法於伯都訥圍場松筠亦請開養什牧及大淩河馬廠俱不果行近蔣奇齡亦稱東三省沃壤數千里並獨石口外之興和新平等城熱河等處

之閑田與旗民贖産入官籍産應請責成吉林將軍等官次第舉行每歲移二三百戶誠一勞永逸之計若果曠地衆多並請將京師游民擇就近地方一律移徙以宏生計

一八旗皆有駐防駐防之外不許寄居應請今後開此禁凡在外仕宦者照商籍寄籍例許其買業居住在所住州縣呈明編入旗籍田土命盜諸務照平民歸地方官經理生子隨時呈報督撫歲終咨部願考試者即在所駐州縣一體應試其願為商賈者照開懇例給資隨其所之惟於所在州縣呈明入籍入籍後俱聽其自為生理官不復問

一外夷以奇技淫巧炫惑中國人士人士向風今請將中國服色

仿古五等之制定為品級使公卿大夫士民到目可辨則人有限制華靡自抑並洋貨使用亦定為品級使與中國限制同至中國從教之人應取先王屏之遠方終身不齒之義令其照僧道喇嘛等類例即服夷服以示區别如此不特可啟斯人愧恥之心並可杜奸民冒充從教之弊第舉行必由通商衙門移文外國總理飭其一律下令始不至漏網者多區别既明並應試亦嚴為禁止

一外夷洋葯之禁甚嚴中國反開此禁　陛下既冒不韙之名徵收其稅應請將此項稅倒重為加增稅增則價必昂平民之吸食者當不禁而自止亦足以稍遏頹流

以上各條就臣妄愚之見所及敷陳為　陛下獻以備採擇然此

不過補苴之術而非本之所在也本之所在得人而已臣自恨閲
事未到窮理未深知識未通讀書未富所言極知謭陋然區區愚
誠惟願　陛下開誠布公以接賢豪誠正修齊以端　主極集思
廣益以收羣策深謀遠覽以固本根則我　清室之隆永永無極
矣臣無任瞻依　闕廷激切惶悚之至
十月初八日内閣奉　上諭都察院代奏貢生黎庶昌條陳時務
一摺所稱薦賢才慎保舉及殿試條陳時務各等語迭經降旨諭
令中外臣工薦舉賢員並訪求山林隱逸之士及軍營保舉明定
章程殿試策許敷陳時政不得專取楷法現在中外臣工薦舉賢
才尚不乏人而山林隱逸以及末秩下僚或以德行或以政事或

以文學各擅所長湮沒不彰甚為可惜允宜及時登用以副闢門籲俊之典著京外三品以上各員並直省學政悉心訪察臚舉所長咨調來京候旨考試視其器識破格錄用不得視為具文至各省孝廉方正亟宜選舉名實相副不求聞知之人著該督撫秉公薦舉給咨來京候試不准再涉遷延虛應故事軍營保舉自上年明定章程後本日復因嚴樹森之請停止記名藩臬極為妥協黎庶昌所稱分為三等敘功戰功為上理餉次之防堵團練文案又次之理餉團練防堵文案非二三年不准敘功保舉各員俟軍務平後始行選缺赴任等語尚屬可行即著各該軍營遵照辦理貢士策問著遵照本年三月間諭旨准其敷陳政事缺失毋庸避忌

並不准專取楷法嗣後閱卷大臣務當悉心校閱力挽頹風其餘所稱京官兼用守令以進士舉人為佐雜科舉罷用制藝小試分為四場會試後附試絕學教職由公舉停止開捐酌增廉俸試行鈔法改設營伍等條是否可行著各該衙門分别妥議具奏欽此

上諭前因貴州貢生黎庶昌條陳時務由都察院衙門代奏當經

諭令該衙門轉飭該貢生將應陳事件詳細具呈茲據都察院據呈代奏詳加披閱其中雖有更改舊章事多窒碍之處間亦有可採擇業經另行降旨施行並交該衙門分别核議外黎庶昌以邊省諸生攄悃陳書於時務尚見留心方今延攬人才如恐不及黎庶昌著加恩以知縣用發交曾國藩軍營差遣委用以資造就該

員其勉圖實踐用副殊恩欽此

蒓老之上此疏年甫二十有六不第行文驅邁雄闊格律精美而當時利病洞見癥結條分縷折雖未能即時一一採用實皆中窾合節無支蔓迂濶窒碍難行之弊昔賈太傅之陳政事疏諸葛武侯之隆中對范文正之上宰相書文信國公之殿試策皆在二十及三十以内之年多未曾出山而天下之形勢祖宗之成法以及用人行政之得失並所以整頓規畫之方指陳周密利害分明賈生不幸未竟其用武侯文正信國三公後來致身將相實皆克踐其言世人動云古今人不相及今讀蒓老此疏真覺諸公去人不遠平心而論使諸公生於今日所見所陳

恐亦無以有加他日刊全集宜以此疏冠諸首簡以誌 皇太
后暨 先皇帝特達之知且以昭 國朝諸名公未有之盛事
焉光緒十四年戊子冬十二月桐城蕭穆謹識

拙尊園叢稿卷一

拙尊園叢稿卷二

遵義黎庶昌蒓齋

內編

周以來十一書應立學官議

昔周衰孔子自衛反魯憂道不行退而贊易敘書刪詩定禮樂修春秋垂範百王是為六經尊盛與道無極樂經遭秦而闕僅存其五焉而孔子沒門弟子各闡師說曾子述孝經游夏之徒撰論語左邱明公羊穀梁傳春秋至戰國而有孟子爾雅禮記浸尤晚出自是而七經九經十一經之名以立及至孟蜀刻石成都十三經遂著為令其於孔子所刪定固已增益其七八矣唐雖以經升老

子而不久即廢南宋時朱子作集注始於戴記中摘出大學中庸以配論語孟子題曰四書詔學者讀書當自四書始湻熙以降翕然宗之元皇慶中定制以四書試士明代樂其易簡因仍不革學使者校藝專以論孟學庸發題先四書而後五經廢注疏而遵朱說道術因之一變我 聖祖仁皇帝 高宗純皇帝深維其弊力矯末流 詔撰七經傳說彙纂義疏等 頒諸學官示天下以實事求是之旨包舉漢宋不名一家康熙乾隆以還巨儒雲興經學由是盛絕然所廢舉亦祇系傳注之間非於經外別立一書以崇配者也嘗謹按 國家自府廳州縣學政校士以及鄉會試雖以四子五經垂教舍是莫由進身而私家誦讀往往溢出令甲頗有

視為不刊之典者當周末時莊子著書多寓言然其指事類情於諸子中最為瓌放特出陸德明釋文巳列為經而作之音義太史公稱國風好色而不淫小雅怨誹而不亂離騷兼之王逸注楚辭尊離騷曰經朱子從而不廢後世騷學選學相因為用欲祛文章流别之偽文選其最要矣司馬遷史記究天人之際通古今之變其閎識孤懷蓋未易幾也班孟堅紀述漢事斷代為書文字之淵源經世之大法粲然畢備許叔重說文解字博奧精嚴六藝遺文賴以不墜實軼爾雅一經之上本朝蔚成絕學儀禮十七篇士禮雖存頗闕王朝邦國舊典欲觀後世帝王因襲之跡惟杜氏通典馬氏通攷博要能通通鑑上續左氏事始三家分晉體大而思精

言馴而不雜則亦優視聖作矣杜子美冠絕古今詩人韓愈文章
粹然一出於正其道自比孟子使孔門用詩文二子者入室矣校
此數家之言兼包大小豈非文武道不墜地在人卓然俟聖不惑
者哉故其書之傳遠者一二千歲少亦七八百年非有名爵利祿
之資然而歷世相承誦習不絕莫不飫其精深博篤取用宏多有
以協人心衆好之同如饑渴飲食不可一日離也其視為經固已
久矣往者嘗與曾文正公討論羣籍公獨以謂子若莊子辭若離
騷集若文選史若兩司馬氏班氏小學若許氏典章若杜氏馬氏
詩文若子美杜氏昌黎韓氏所謂曠代命世大才也躋其書以配
經典誰曰不宜今以功令之所頒若彼學士大夫之所誦習若此

記曰入其國其教可知也又曰民之所好好之竊謂莊子以下十一書宜因私家肆習特為崇異立入學官使列十三經後以莊子次孟子楚辭文選杜詩韓文次毛詩史記漢書次尚書通鑑次左氏通典文獻通考次三禮說文次爾雅各降一等命曰亞經俾天下人士益隆所習咸馳騖乎通儒於以廣術興微翼贊聖業非復謏聞曲學之私將樂與海內知言君子一平其議也

圖畫章句三大儒遺像記

六經皆出於孔氏自夫子在時七十子之徒各以所傳發聞於世受易則子木矣習書則子開矣問樂則子貢矣學禮述孝經受春秋則孺悲曾參左邱明矣然惟子夏氏之儒博而能兼詩有序書

有說易與喪服有傳樂雖無書記乃得諸弟子魏文侯所述文侯又為孝經作傳其於論語爾雅楊子雲鄭康成皆以為仲弓游夏等撰定而春秋屬商傳業者公羊高穀梁赤則又其高第弟子也六藝章句之興實自子夏氏始蓋夫子沒子夏以其學教授西河身為魏文侯師年且八九十巋然老師宿儒及門人徒授受賡續沿流益分諸經或至曠闕而詩學獨盛六傳以至大毛公漢興猶未絕也故徐防稱之曰詩書禮樂定自孔氏發明章句始於子夏不其然歟漢踵秦火之餘收拾遺經春秋分為五詩分為四易有數家之傳禮壞樂崩書缺簡脱自韓嬰申培后蒼孟卿膠東庸生瑕邱江翁等號為名德始治兼經東漢益衆然皆莫能相通至鄭

康成氏出凡易書詩周官儀禮禮記論語孝經無不融會貫通爲之箋注而又尚書有贊毛詩有譜三禮有音六藝七政有論禘祫有議許慎五經異義有駮臨孝存周禮有難以至何休之春秋發墨守箴膏肓起廢疾如此其勤也小無不盡大無不賅子夏氏以還可謂命世集大成之巨儒者矣朱熹氏奮於千載之下其爲儒也格致以明理章句以治經既傳易矣又以費直合彖象於經不見文王周公孔子之遺而又爲之本義書傳以屬門人蔡沈矣而又別定古經使人知伏生今文之舊以孝經多附益也於是爲之刋誤以春秋爲皇帝王霸之書也於是別出左氏經文及篹通鑑綱目事竊取之義書法尤致兢兢乞修三禮也周官爲綱領禮記

為義說儀禮為本經具采注疏諸儒之說而其合大學中庸於論孟尤以章句名篇一守漢經師家法雖毛詩之傳論語孟子之注不盡遵用故訓涵泳所安自成為一家言大要與漢儒不合者寡矣自餘旁蒐博綜六藝之外闡闢涂徑尤多古韻之復萌芽於吳棫韻補而詩傳引其端古文尚書之僞伏疑者七百年而臨漳書後發其覆離騷百代辭原也病王逸之迂滯而别注楚辭韓愈文章之雄也為天下所歸因撰韓文攷異無一不從訓詁中來其於章句之學何如也世儒耳食目語不究朱子研經宗漢之旨而概以道學附之不識康成整齊六藝之功而反以訓詁少之皆非博篤至論也若子夏氏之發明則更數典而易忘矣六經之義坦然

明白至今日而如日正中懸諸不刊之典矣詎知夫皆天縱此三大儒者出其絕地通天之力以纘斯文於未喪而其學皆自章句得之夫下學則上達章句明而後義理生自然之驗也余故圖其遺像備朝夕警省亦將終身焉從事斯語已耳

讀三國志

吾觀陳壽之於諸葛孔明也其猶七十子之服孔子乎孔門籍弟子衆矣而能善言德行者獨稱宰我子貢有若為智宰我曰以予觀於夫子賢於堯舜遠矣子貢曰仲尼日月也猶天之不可階而升也有若曰出於其類拔乎其萃自生民以來未有盛於孔子也三子者之所以尊孔子若此壽撰三國志書成於晉武帝泰始十

年上距蜀亡之歲十有二年距孔明卒巳四十一年故家文獻略無存者古者國必有史而蜀乃無官壽獨旁蒐博紹撰定故事隨史表上又採遺言軼行散見於各志傳中凡士經孔明片語襃抑者若等於春秋之嚴無不謹而書之勤亦至矣晉書以應變將畧非長一語為壽詬病後遂從而和之不察予讀諸葛氏集表而悲壽屈之深也夫為人臣而至於周公召公亦可以止矣文章至於尚書謨誥亦可以無憾矣壽之所以推重孔明者若此而世猶以壽父參馬謖軍被罪借私隙咎亮曲致其文嗚呼亦見其為淫詞之設而已孔子欲見南子子路不悅公山弗擾以費畔召子欲往子路曰末之也巳何必公山氏之之也然則謂子路貶孔子可乎

孔明之伐魏也以區區蜀漢一隅而當曹魏三分有二之衆夫人而知其艱危矣彼孔明者乃獨行其志而不悔順萬世之心以為公申討賊之義以為大其志其事雖與湯武放弒同可也夫湯武之放弒幸而其事之成也孔明之伐魏不幸而其事之未成也然而湯武之難易不可與孔明同日而語雖然微壽良史直筆孔明帝蜀之精神亦不能曲傳諸千載後皜如陽暴耳吾故曰陳壽之於諸葛孔明也其猶七十子之服孔子乎

何忠誠公編年紀畧書後

往時獨山莫友芝子偲撰黔詩於邦人事蒐討甚力私怪何公忠誠為有明一代臣節勁殿其事蹟自史傳外罕有能舉軼者因就

其家訪之得公從孫琮編年紀畧一卷首尾完具足補史氏闕遺又因以攷見全州桂林兩大戰績及主將招降不屈從容盡節諸狀曰噫烈已子偲欲遂旁採他氏為年譜一書遭黔亂客游江淮未竟也紀畧成於康熙末年距公成仁之歲已七八十年其時忌諱之禁稍弛迨乾隆中 詔修通鑑輯覽史臣珥筆一秉 聖裁書法至為矜慎余觀輯覽所坿三王事凡書定者六克者四十二入者三至者五襲者一平者三圍者三擊敗者二攻者四未嘗有言戰者獨於攻全州也曰騰蛟率焦璉郝永忠盧鼎趙印選胡一青五將合力拒守大戰全州城下攻桂林也曰騰蛟督焦璉胡一青等分三門力戰拒守於公之攻永州也曰圍城三月大小三十

六戰遂為所陷是　王師入關後放兵南下觸之者皆若焦熬投石已耳獨公堅不可撼使史公督師江上時即已能如公之守全州守桂林則揚必不失揚不失而金陵尚可有為否或二公者易地以守明之亡不亡未可知也晉畫守淮決於肥水一戰宋主和議成於順昌朱仙鎮兩捷從古未有不戰而能自立者孟子曰天時不如地利地利不如人和如公之竭忠盡力不得令展於江淮用武之地至全州桂林則地利已失以此挽回全局至難吾於是不為公惜而為明之用人惜也廢興之際雖曰天命亦豈非人事措注有善不善哉雖然彼客光者又烏足以語是哉

書梓湖文錄後

有明歸熙甫善屬文得太史公書趣桐城望谿方氏稱之姚郎中鼐又推望谿之説以尊歸氏歸氏文由是大顯然望谿為文與熙甫絶不類即姚氏亦不近似之也巴陵吳君南屏敏樹自少篤耆熙甫文嘗手纂成帙公車攜入京一時名流如梅伯言朱伯韓邵位西王定甫輩聞而爭求之以為異蓋是時天下方重姚氏學以謂學子長必自歸氏始而君伏處窮鄉初固未嘗聞知也其好熙甫文出於天性及君自為之清縝往復善談名理亦瑣瑣喜道鄉曲事聲音笑貌宛然一熙甫也無町畦而動應繩墨雖君亦不自知其然所居曰鹿角市濱臨湖陰巴陵洞庭極天下壯區處也時時獨往來於君山登九江樓寄寫其邈漠無涯之思天水漫濫生

世富貴貧賤趣舍得喪舉一不關於胸宜其文之幽渺獨絕稱是大湖也為人清夷和惠即其文可想見之焉況接其人乎同治戊辰歲君來游江甯年六十四矣曾文正公客之幕府與予及桐城吳摯甫汝綸陽湖趙惠甫烈文三人者為忘年交君故善飲每夕必得酒而後寐一夕與客劇談忽忘飲酒客去夜分向盡索之廚下不得顧視牀頭有巨甕命僕趣啟封封塗膠驟不可啟君乃自持門撐擊剝之其聲碩碩然余遥與君戲語曰徐之否者酒且迸矣良久甕啟持椀汲引椀巨甕又不可入君益叫躍號呼如渴驥將奔洽泉也卒易盞斟酌之乃已翼日相與大笑以為樂其不滯於天機若此君歸數年而卒今讀柈湖文余名在焉慨然想望巴

陵洞庭間遂無復有斯人因書以志感光緒九年八月

刻孫淮海先生督學文集序

吾黔僻在西南隅自後漢時道真尹公從許慎應奉受經書圖緯還教鄉里以北學開南中之陋仕至荆州刺史歷有名德惜無傳書厥後土宇乖分黔服陷於蠻夷鬱千餘年不能振拔遂無人焉能繼起以昌明聖學興起斯文為己任者至明乃得文恭孫淮海先生先生當明中世傳陽明王氏之學於貴谿徐樾波石即能洞徹良知之弊嗣又討論於蔣道林其學以求仁為宗以誠意慎獨為要以盡人合天為求仁之終始其於成己成物位育參贊天人一體之原心契微眇温故知新浩然自得晚歲築學孔精舍以居

尤致精於易理生平難進易退不以依違徇人亦不以激烈取異匡君德鑴巨璫論革除清國學兢兢焉惟以維持風教作育人才為急務物來順應沛乎有餘海內羣以名臣大儒歸之可謂命世賢豪不待文王而興者也惜其身沒之後傳業無人明史未為立傳雖有郭青螺表章於前田山薑揚搉於後而遺書湮晦行蹟無存三百年來通人學士幾至不能舉其名氏況於黔之後生小子乎先生之書見於明史志者淮海易譚四卷律呂分解發明四卷論學會編八卷莊義要删十卷學孔精舍彙稿十六卷　本朝四庫著錄已少論學莊義二種而其散見於黔書理學傳及溫純恭毅集毛在遺稿序黄虞稷千頃堂書目者復有春秋節要四書近

語左粹題評教秦語錄雍諭學孔精舍續稿道林先生粹言教秦總錄歸來漫興等編道光咸豐中獨山莫友芝子偲搜求邦故竭數十年之力僅得易譚四卷四書近語六卷左粹題評十二卷教秦緒言一卷幽心瑶草一卷學孔精舍詩稿六卷因為先生立傳詳載黔詩紀畧中光緒四年子偲之弟祥芝彙刊為文恭遺書別輯雜文一卷坿於其後餘皆不可復得今年夏庶昌偶於日本友人中村正直家獲先生督學文集四卷取以與雜文校增多八十餘篇首末完備雖不能復還彙稿舊觀庶幾先生遺文粗具於是乃舉而刻之將使吾黔人士由先生之書以推知先生志業講明而昌大之使聖學復明於時又益知先生之文如星日之氣歷久

彌光暹之三百年猶於海外遇之終不可磨滅然則士之有志於聖慨然以斯道自任者可以興已光緒十五年八月黎庶昌

續古文辭類纂敘

右文四百三十五篇總二十八卷分上中下三編皆以補姚氏姬傳古文辭類纂所未備也上編經子姚氏纂文之例首斷自國策不復上及六經以云尊經然觀其目次每類必溯源經子之所自來雖不錄猶錄也今次為三卷曰論辨曰序跋曰奏議曰書說曰詔令曰傳狀曰雜記曰箴銘曰頌贊曰辭賦曰哀祭其為類十有一左傳敘事之文自為一體姚纂無類可傳則取曾文正公經史百家雜鈔之目以入之錄敘記為一卷又別增典志一卷典志亦

雜鈔之目也中編曰史姚氏纂文不錄史傳其說以為史多不可勝錄然推此義法類求之馬班而降可讀之史蓋少今錄史記紀傳世家為五卷漢書紀傳為四卷序跋奏議書說詔令辭賦哀祭姚纂所遺而尚有可頗采者為一卷三國志五代史其書最為馴雅有法漢以後史之良也取一二類著焉通鑑法左氏敘事體也史之八書漢之十志皆典章國故與周禮儀禮全經同錄敘記為一卷典志為一卷下編方劉前後之文文無所謂古今要趨於當姚氏之論卓矣而撰次方劉文或為世儒所非此方劉文之不足以饜人意姚氏無可議也今依此例傳益之使究一代之變其為類十有三曰論辨曰序跋曰奏議曰書說曰贈序曰傳狀曰碑志

曰雜記曰箴銘曰頌贊曰辭賦曰哀祭曰敘記次為十卷無者姑闕焉古文辭粗備於是矣文章之道莫大乎與天下為公而非可用一人一家之私議自劉向父子總七畧梁昭明太子集文選而後先古文章始有所歸宋歐陽氏表章韓愈明茅順甫錄八家而後斯文之傳若有所屬姚先生興於千載之後獨持灼見總括羣言一一衡量其高下銖黍之得毫釐之失皆辨析之醇駁較然由是古今之文章謬悠殽亂莫能折衷一是者得姚先生而悉歸論定即其所自造述亦浸淫近復於古然百餘年來流風相師傳嬗賡續沿流而莫之止遂有文敝道喪之患至湘鄉曾文正公出擴姚氏而大之並功德言為一塗挈攬衆長轢歸掩方跨越百氏將

遂席兩漢而還之三代使司馬遷班固韓愈歐陽修之文絕而復續豈非所謂豪傑之士大雅不羣者哉蓋自歐陽氏以來一人而已余今所論纂其品藻次第一以昔聞諸曾氏者述而錄之曾氏之學蓋出於桐城固知其與姚先生之旨合而非廣己於不可畔岸也循姚氏之說屏棄六朝駢麗之習以求所神理氣味格律聲色者法愈嚴而體愈尊循曾氏之說將盡取儒者之多識格物博辨訓詁一內諸雄奇萬變之中以矯桐城末流虛車之飾其道相資無可偏廢故既敘述畧例亦明夫不敢封己抱殘守一先生家言暖暖姝姝而私自悅以足也然遂欲執塗之人而强同則是又大惑已

纂者余鈔此編成客有示余長沙王先謙氏所撰續古文辭類纂刻本命名與余適同而體例實異王選祇及方劉以後人文多至四百數十首余纂加約　本朝文纔二百四十餘頗有溢出王選外者而奏議辭賦敘記則又王選所無人心耆好之殊蓋難強同要之於姚氏無異趨也後之君子並覽觀焉

唐以前史漢並尊自昌黎韓氏太史子雲相如之論出不及孟堅而馬班始有軒輊其後柳子厚李習之之倫祖述其言遂若斯文之傳孟堅擯不得與此與以耳食何異獨蘇明允稱之曰遷固雖以辭勝然亦兼道與法而有之時得仲尼遺意焉而惜乎其少信從也余謂子長網羅百代孟堅紀述一朝義法固自有當未可執

彼議此且班書典雅宏贍微特元明人莫能為即唐宋諸賢昌黎而外亦未有能幾之者曾文正公略師班氏其文規恢閎闊遂卓然直躋兩漢況進於此者邪故令斷以馬班韓歐為百世不祧之宗云

桐城宗派之說流俗相沿已踰百歲其敝至於淺弱不振為有識者所譏讀曾文正公暨吳南屏二家之書斷斷之辯自可以止然工輸雖巧不用規矩準繩又可乎哉　本朝文章其體實正自望溪方氏至姚先生而辭始雅潔至曾文正公始變化以臻於大桐城之言乃天下之至言也昔孔子論文義主修辭而以立誠為本昌黎韓氏則曰沈浸醲郁含英咀華未有辭不工且雄而文能造

其極者余今所論纂博觀慎取蓋亦有年凡神理氣味格律聲色有一不備者文雖佳不入望溪方氏致力於史漢獨深其讀史書後各篇多足闡發馬班義理頗取以綴諸傳之後

道光初興縣康撫軍刻姚氏古文辭類纂本有畫段圈點後數年吳啟昌重刻於江甯以為近乎時藝用姚先生命去之然觀先生答徐季雅書不又有圈點啟發人意愈解說之言乎余以後世之變何所不有自秦燔詩書而漢儒有章句之學自劉向校書而後儒有校讎之學宋元明以來品藻詩文或加丹黃判別高下於是有評點之學　本朝以經藝試士科場定例又有點句句股之學皆因時適變涂轍百出不窮今悉采而用之不得以古之所無非

令之所有傳曰法後　王謂其近已而俗變相類也吾又何疑焉古人選文不錄生存杜標榜也余意不然文章優劣如人之有妍媸美惡觸目自見匪二人之力所能私姚先生以乾隆四十年出都數見劉海峯於樅陽其纂次古文辭時海峯尚存也余論　本朝之文蓋至咸同閒而極盛錄者尤多自曾文正吳南屏鄭子尹而下其人大都生平所親炙否則亦其與接者也武昌張廉卿桐城吳摯甫夙所嚴憚無錫薛叔耘頗與去聲商訂此編桐城蕭穆敬甫雖未錄其文而匡諍啟發裨助宏多皆孔子所謂益友也嗚呼文章經國之大業不朽之盛事世有直諒多聞引繩墨以糾余不逮者禱祀求之矣光緒十五年秋九月遵義黎庶昌纂敘

答趙仲瑩書

仲瑩仁兄世大人閣下秋初接到三月廿二日手翰會僕有西京大阪之游卒卒未報頃夏子猷至又奉九月既望惠書并拜川墨之賜藉審文翰餘暇博覽羣編用為身心之助甚休甚休京師學問海也亦利祿之所從出非豪傑之士卓然有以自命者居之尠不馳騖聲華咻於眾俗而莫能振拔以仲瑩今日居地自世俗言之依日月之末光據清華之要選所與游處又皆賢公卿大夫之有氣力者稱古今而譽盛美誰不謂宜而來書深自謙抑勤勤下問若歉然有不足於中而樂取人善以自廣益此其用心固賢人君子之所難能而僕乃私喜草木臭味之不遠者也雖鄙陋無狀

敢不竭愚以為高明之助竊以為本朝學問義理攷据辭章三端至今日而涂轍大明皆可尋求而自致然書籍浩博畢世不能殫其業若不循持要領而泛泛以求則恐舍本逐末遺精得粗寶碔砆而棄珠玉必有誤用其精力者矣夫六經之當諷味盡人而知之矣六經之外余謂有可讀與經等者於子則取老莊荀周程張朱於史則取兩司馬班氏於集則取文選韓歐陽合此十餘家之書窮原竟委熟讀而深思長吟而詠歎久之必有如杜元凱所謂江海之浸膏澤之潤渙然冰釋怡然理順者其他則供流覽而已況此十餘家之中亦有不必盡記誦者乎本朝人喜言攷据然其學在今日實已枝蒐節解幾無賸義可尋鶩而不已誠不免於破

碎害道之譏惟獨文章一事余意以為尚留未盡之境以待後人而因文見道之說僕尤篤信不惑何也蓋文以載道周子固嘗言之也古之善為文莫盛於司馬遷班固韓愈歐陽修韓歐之文世頗以道歸之矣而馬班則未也獨蘇明允稱之曰遷固雖以辭勝然亦兼道與法而有之時得仲尼遺意焉望溪方氏推尊子長曾文正公則兼及班氏謂其經世之典六藝之旨文字之源幽明之情狀粲然大備是豈逐世俗為毀譽哉故僕近者妄有古文辭類纂之續於史漢所選獨多欲以踵姚氏義法後閣下苟無意於文則已若有志於此異日取吾書而讀之以求合乎桐城之法與宋儒者不悖之言其於因文見道一說將深造而有得也夫道與文

並至者孔孟是也下此見道有淺深言道有醇駁而皆由文字悟入則自漢唐以來無或異也天地之運積久必變以故夏尚忠商尚質周尚文三王之道若循環今天下似亦攷据將衰之時也救敝之術莫若古文斯文廢興蓋有天命僕既自勗勉亦以進於閣下願負荷無忽有不當希更往復惟亮詧不宣庶昌頓首

答李勉林觀察書

辱書蒙誨以所不及勉以無自菲薄之道非甚見愛誰肯為言此雖然第以僕前書云云為有所憤嫉則實不然庶昌方十七八歲時讀古人之書即知慕古人之為思以瑰偉奇特之行震襮乎一世故年二十六而應　詔上書言事頗自傅於蘇子瞻陳同甫一

流二十七而從軍江皖三十四而綰符治縣四十而奉使出洋今十五年於茲矣中間自奉諱外未嘗一日歸休於家其非無意用世欲以肥遯自高甚明然而行能有進有不進者各人所遭之勢異也曩者嘗從事曾文正公矣亦又周旋於李傅相丁文誠二公之間方同治初年將帥聯翩誅討叛逆庶昌皆躬與其會當是時也彙征如拔茅求材若拾遺不以此時與羣賢馳騖並進而乃欲於垂白就衰之年芸芸不已斯亦徒見其惑矣古之人量而後入不入而後量如僕今日所處已非量入之義使臣一役歉猶有所難勝況更踰分干進以覬巨艱之任乎脫不如是而從俗俛仰庸庸循循相與競爭於蒙昧之中使人燓而失守又非愚拙所安也

二者俱無所處計為卷懷以退然後可葆吾真而全吾志與閣下交三十年其視僕肝膽豈不然哉且吾聞之君子之仕也將以行道驗所學而已道足以拯天下雖皇皇日求登進而賢哲不以為非學足以究天人雖汲汲以赴功名而反躬不以自恥無他為有所濟也故曰隱居以求其志行義以達其道窮則獨善其身達則兼善天下道如是是亦足矣而或邂逅不如志雖聖賢不能違道希遇必有說以處之故又曰用之則行舍之則藏不知命無以為君子誠知命之繫於天而一一不由乎已得其時則行為禹皋為伊呂可也不得其時則藏為孔顏為孟荀可也即或行或藏而處於時不時之間為柳下惠為令尹子文亦可也其行也眾民廣土不

見為有餘其藏也獨寐寤言不形其不足古之君子惟能究極乎此而無願乎其外故安命樂天無入而不自得孟子所以稱禹稷顏回同道也推孟氏之義豈惟世俗所謂富貴功名者不足道即叔孫豹三不朽之說功與言抑其末矣達乎人之謂道修於身之謂德崇其德之謂學事誠一貫君子亦惟修德已耳後世習尚雖大遠於古然名世如諸葛孔明司馬君實范希文歐陽永叔王陽明湯潛庵曾文正公諸賢猶庶幾乎此詣此旨夫豈以進退得失為有餘不足哉庶昌讀書雖陋頃歲以來頗以聖賢知命之學默自體勘若有所契於心故於得喪一途不甚屑念冀幸有聞道之日非果懷抱鬱鬱而為是不平之論輕世肆志以取快也遠承教

督不獲面譚書以悉臆伏惟亮詧不宣庶昌頓首

楊性農先生重赴鹿鳴讌序

並吾之世居洞庭湖東西而以古文名重天下者二人曰梓湖老人巴陵吳南屏敏樹武陵楊先生彝珍性農往者同治戊辰之歲庶昌從事曾文正公幕府適吳先生來游金陵文正客之幕中獲與游處譚藝甚洽吳先生顧不以晚進少我遂訂為忘年交先生則自在家時即讀其移芝室集欽企先於梓湖後亦就通音問而先生道德高雖居武陵嘗卜築郊外之方家沖屏處不入城市無緣得見光緒十一年庶昌奉諱自日本還黔道經常德以為必可一遂瞻謁適會先生不在斬焉衰絰之中迫從奔星又不及見然

先生固嘗枉書下交也吳先生之文由歸熙甫以希風子長非筆墨蹊町所能囿沖夷澹蕩得洞庭之清先生之文浸淫唐宋不名一家如沅漁會流納衆派之水排岸激埼宛潭膠盭至洞庭而一放皆天下極觀也先生之不仕高尚其志與吳先生同箸書之多以古文名世亦同其集亦皆播行於世士論定久矣吳先生不幸前喪獨今先生尚存年登耄耋德業猶日進不已自古文章盛衰與時高下方唐之中世遭值安史播孽肅代而降繼體撻伐號為中興而韓愈柳宗元李翱皇甫湜之徒遂起於貞元元和間戛然修復於古唐之文章一變至道及我朝咸同兵事起翦叛誅暴武威之震邁絕唐室而文章亦極盛於此時曾文正公挈其衰先生

與柈湖諸人昌其術豈非天之為哉抑何古今事勢之累跡也先生以道光壬辰　恩科舉於鄉至光緒十七年辛卯正科歲值周甲國家行事例得重讌鹿鳴此非直湖湘士大夫之慶實誦先生文者所當共慶庶昌又忝先生知不可無言以稱休典於是獨論先生文之有關運會者綴為式燕之辭以祝使當工歌鹿鳴笙簧鼓吹之際取而閱之未必不忻然進一觴也是為序遵義黎庶昌

章子和墓志銘

君諱永康字子和别號瑟廬大定章氏由拔貢生中咸豐元年舉人癸丑成進士改翰林院庶吉士散館再改中書升侍讀曾祖某祖某考首乾妣某氏諶氏母謝氏以君貴贈某官某封始贈君前

妻生永孚永孚母卒繼娶諶歸未幾而贈君逝君庶出也生而失父及期母謝亦卒於是二子者皆育於諶撫養教誨迄於成人而諶故無出君子以謂諶母所為極天下婦行之難能矣其後君貴諶又謝世君思母教不忘命工作機聲鐙影圖以志哀一時題詠甚廣君子又以是賢君也君為人頎身玉貌雅度溫溫所居錦茵繡幕狀類婦人女子初入翰林年二十餘名譽藉甚及改官中書非意所樂當是時海疆多故君居京師與名流數輩悲歌擊筑侘傺傷懷嘗要今中丞南皮張公之洞賦行路難古樂府十餘章詭切時事微顯志晦深文隱蔚進乎春秋其友涇縣吳承修讀之歎曰子和肝膽皆芬也黔本山國大定尤處萬山之交僻陋在夷世

鮮名達君出而天才綿麗冠絕時流有騷人之遺風焉夫其性情悱惻牢愁悲悶則楚臣屈原之所為惓惓君國也人才不擇地而生如君固天地清淑所特鍾而非一隅一世之有矣君以咸豐十年冬出京其兄方官江西知縣道往省之還黔數年將改官知府分發補用已治行矣會黃號賊陷大定倉卒及難死焉同治三年十一月十六日也春秋三十有幾君死屍卒不獲大吏亦未具其事上聞予聞而悲君數之奇謀輯所為詩歌傳世吳君承修蒐得君詩四十餘首詞數首介其鄉人洪都轉汝奎詒予刻之光緒元年攜至荷花池釐局勘定錄副未竟局燬於火稿失大半僅存者行路難樂府而已君之厄乃至於是邪蒼蒼者其果有知邪果無

知邪吾不能名矣君無屍宜具衣冠葬配某氏子某某銘曰
水西孤城如斗大惟黔采風等自鄶藐姑仙子真天人起家孝秀
無等倫威鳳不翔豈其志剪為國殤天亦寐請陳俛詩行路難化
為碧血千萬年

先兄魯君墓志銘

同治四年正月先兄魯新以書抵余金陵寄所刊詩詞命為覆審且曰吾困於病久矣吾貧益甚歲暮單褐不完妻子有饑色然皆不一累心者以古人差足與娛也庶昌發書歎息謀迎致之江南使發半道而兄卒於家其年九月仲兄赴告我於徐州庶昌為位以哭時軍事方急未即銘後遂閱十九年始克斂藏諸墓兄諱庶

燾字魯新別號篠庭遵義黎氏曾祖諱正訓歲貢生妣鄒氏祖諱安理以舉人官山東長山知縣妣楊氏考為開州訓導諱愷妣張氏母氏吳生子四兄於次長也生十六歲我君卒官開州仲未成童季者纔二歲耳既痛父沒煢煢在疚又傷諸弟孤露無與成立乃遽發憤强起求為人先自其時即已岸然旌異迨後八九歲家居讀書益力志凜凜抗古矣每有述作輒就諸弟與相違覆剖瑕摘釁辨析毫釐交訟互褒董勸並進兄弟間自為師友儼如也中咸豐辛亥鄉試舉人踰年仲兄庶蕃亦舉於鄉計偕北上至鎮遠之灖水以疾作不能前歸而大困得反胃之證不良飲食一歲中瀕死者數矣兄曰窮於天者吾不得而爭之矣千秋之業在人者

吾何敢讓於是蠲棄萬慮一從事於詩以鳴其坎壈不平之氣自世所尊漢唐以來能詩者之說之法靡不涵茹錯綜以適厥旨課迹責音振華挹髓與古大翫故其為詩屏去窕曼鏤腸鑱胃冥索章句形神寂漻辟邪觝巇密栗氣清規規然務合繩削而始止也卒存詩曰慕耕草堂者三卷曰依硯齋者四卷别有琴洲詞二卷嗟乎君子疾没世而名不稱以窮若彼以成若此其在我豈不塙然信劵著哉而説者曰自古通人哲士肩項相望雖顔氏之聖不得夫子而名不彰揚雄氏著書渾渾近古知之者獨一侯芭桓譚而已劉歆猶以為無禄利而空苦況區區文字淺末操術眇小世又不常有芭譚其人而求索諸杳冥不可知之天然則兄所持以

為千秋者其果足恃焉否耶抑又悲已病凡十四年中間遘亂者十二年困卧顛沛之中未嘗一日去書誦聲琅然恒達旦不息其卒當同治四年乙丑二月十九日春秋三十有九將卒之前月舊疾益篤水漿不能咽形瘦骨瘵顫顫柴立無復人理臨絶適湄潭黃號賊大至環攻我禹門寺寨飛礮及其榻家人蒼皇棺殮即厝宅南坎下明年九月十四日仲兄卜兆於姚家巷水井堡之陽葬之既葬踰年庶昌歸自河南曾文正公軍省兄之墓宿草在目欲尋昔日之謦欬而已邈然不可復聞已追維夙命負疚孔多人能宏道末如命何其詩詞刻者將别爲删定以行配楊氏妾駱氏子尹頤幼殤尹融光緒庚辰科進士簽發吉林即用知縣女一未字

殤銘曰

厄於身昌者詩畀以名靳厥施彼蒼蒼實為之久而定來者知訊異世為此辭

鄭徵君墓表

先生諱珍字子尹晚號柴翁姓鄭氏其先吉水人七世祖益顯為劉綎部將以明萬歷庚子從平播綎班師被論回衛益顯領舊兵屯防水煙遂為遵義人曾祖某祖學山縣學生員考文清兩世精醫衍德於術妣氏黎子姑也先生自幼精力之過絕人寓目輒能記誦予世父雪樓公以憂歸自桐鄉多蓄典籍先生以甥行學於舅家悉令鼓篋讀之恆達旦夕肘不離案衣不解帶數年而學以

大明道光五年選拔貢生受知於歙縣程侍郎恩澤侍郎詔之曰為學不先識字何以讀三代秦漢之書先生大感悟益進求諸聲音文字之原與古宮室冠服車輿之制方是時海內崇尚考据名曰漢學從者波靡先生師承其說實事求是不立異不苟同即已洞知諸儒者之弊治經宗漢析理尊宋踰二年復從侍郎於湖南歸而與府教授莫猶人先生游益得與聞國朝六七鉅儒宗旨久之經術益大涵肆莫可殫詰先生之為學其孫詒有可得而言者矣其初實致力於許鄭二家之書以為不明傳注則經不能通不明訓詁則傳注不可得而讀其於康成叔重信之惟恐不篤尊寵之惟恐不及既治三反茍有惑則發憤潭思又不合則羣綜諸儒

之說旁參曲證必求一得當程朱氏之義理而後已如是者積三十餘年而先生之於三禮六書乃始渙然怡然矣蓋經莫難讀於儀禮昏喪尤人道之至重則為儀禮私箋古制莫晦於攷工則為輪輿私箋鳧氏圖說小學莫尊於說文以段玉裁嚴可均二家之說綦備則為說文逸字及說文新坿攷奇字莫詳於郭忠恕汗簡而謬俗實多則為汗簡箋正漢學莫盛於康成則為鄭學錄每勘一疑獻一義刊漏裁誣卓然俟聖而不惑斯亦天下之神勇也先生嘗以謂遵義漢牂柯地自郡人尹珍從許慎應奉授經書圖緯教授南域後遂無有經術發聞者於是毅然以道真自命故學成而先生褎然為西南巨儒以道光十七年丁酉舉於鄉甲辰大挑

二等凡三為校官最後補荔波縣訓導適狄夷作亂大舉攻城縣令將嘉穀病不能視事先生募南丹廠工三百人署以軍政總城出擊斬馘甚衆城賴以完未幾遂棄其官以歸先是先生自得鄉舉後即已厭薄仕進惟從政於門內甚謹存則授几授杖以至視形聽聲無不致敬以勉於分所當為沒則附身附棺以至繼志述事無不盡慎以達乎心之所安晚歲經營子午山廬於墓次將浩然自得以終不復與聞人間事同治二年癸亥乃用大臣密薦

詔赴江蘇以知縣補用未行而口疾作遂以甲子九月十七日終於家春秋五十有九配予從姊黎孺人子一知同女子二人孫男幾人孫女幾人先生之學鴻肆而核辯經術所不能盡者益播為

詩古文辭以昌大之壞奇孤邈力闢陳常論者以為漢學家所未有撰著之書已刊行者儀禮私箋八卷輪輿私箋二卷說文逸字二卷說文新坿攷六卷汗簡箋正八卷鄭學錄四卷巢經巢經說一卷巢經巢詩鈔九卷樗繭譜一卷母教錄一卷未刊者有攷工鳧氏圖說說隸親屬記老子注世系一線圖巢經巢文鈔無欲齋詩注凡若干卷而遵義府志播雅兩書尤為邦人文獻所繫往者吾讀國史儒林傳見　高宗純皇帝崇尚儒術於時顧棟高梁錫璵等皆以經明學粹下　詔褒許列於册首如先生者內而懿行集於身外而經術顯於衆以視棟高諸人孰為優劣未易遽定其可與於儒林耶抑猶未耶將以俟諸知言君子

翰林院典簿胡君墓表

光緒十年八月十一日翰林院典簿黎平胡君卒年六十七明年五月十六日葬某里某山君諱長新字銘三獨山莫友芝別字曰子何而爲之説遂以子何行道光丙午舉人丁未進士即用江蘇知縣賓客有賀者君曰勿爾吾未自信未可出而仕也且母老不宜遠行又奚爲於江蘇立請改教職得貴陽府教授一年丁母憂服除選銅仁府教授未行郡守留襄軍務苗匪圍黎平如楚乞師事定乃之任以功保國子監學正加五品銜提督學正韋業祥又以端介可風薦升翰林院典簿不樂赴病免歸掌黎陽書院在銅仁十年而黎平尤久先後凡十五年君之學蓋自知聦始其程巳

以宋五子為侯的以經史為衡繩以小學為羽翼於並世人師鄭珍莫友芝友黎兆勳莫庭芝獨其徒未嘗有聞然而銅仁之人曰胡先生教人能使愚者明惰者起頑者革今之胡湖州也黎平之人曰胡先生律嚴而道尊言動而躬隨今之石徂徠孫泰山也其於忠孝節義禮讓廉恥若出天性皇皇勔圖無日時不然無事不然不可一節名也曾祖世範歲貢生銅仁訓導祖榮增廣生考秉鈞嘉慶乙丑進士河南扶溝縣知縣因事降改教職授遵義訓導娶劉氏子一生同所著書曰籀經堂集君葬四年而墓未有表黎庶昌曰古者賢士有易名今謚不下行道何由光君執德秉貞碻然自守始末不渝若用昌黎韓愈銘孟貞曜故事取學政語謚曰

端介先生具列諸石則君之生平行誼不待户說皆明白且行遠矣以書播告士林咸曰宜光緒十四年正月表

工部侍郎石公神道碑銘

同治未改元之歲　天子既黜八大臣不用誅鉏姦慝思擢一二貞亮守死之臣以風示有位於是超拜天津知府石公為順天府尹　詔曰近年吏治廢弛封疆大吏以奔走逢迎者為能其悃愊無華者往往目為迂拙未列上考昨已超擢天津知府石贊清為順天府府尹俾資觀感而樹風聲天下翕然頌　帝德知人也先是咸豐十年八月西洋英法兩國以條約不諧故合寇天津吏民駭散總督以下官多受辱公時為知府四年私念空城徒死無益

不若徑往赴敵即單車抵英酋所陳說大義諭以我　朝神武宜速罷兵議和毋自取覆盭慷慨而談顏色不變英酋雖未即聽然心敬中國有人矣既而以五百人劫質南營公即倔强嫚罵時時引手搏頸曰速殺我取吾頭去酋益敬禮有加為具食不肯食進酒不肯飲勺水不入口者三日酋皆私竊自謂此　大皇帝忠臣不可屈宜還之而天津士民數十萬人復集日夜環奏輪舟距躍讙譟曰還我石父母來於是英人羅拜送出戒其部勿得侵擾百姓以敬石大人郡界肅然莫敢犯者　兩宮太后聞而嘉之　詔軍機處記名以道員請旨簡放蓋公之以忠節受　上知事如此

公諱贊清字次皐一字襄臣貴筑石氏道光戊戌進士直隸即用

知縣補阜城署獻縣正定盧龍知縣大計卓異升蘆台撫民通判
署永定河北岸同知升順天府治中署通永道霸昌道補天津知
府同治元年以府尹兼署刑部右侍郎送充辛酉科舉人覆試閱
卷大臣壬戌科會試搜檢大臣順天鄉試監臨官稽察右翼覺羅
學九月補授直隸布政使二年調湖南布政使三年奉　旨祭告
南嶽四年護理湖南巡撫五年　召入為太常寺卿稽察左翼覺
羅學轉宗人府府丞六年補授都察院左副都御史再補工部右
侍郎時黔省賊氛延蔓糜爛幾不可收拾公先後條奏請促川楚
合力進兵又請飭裁撤湘勇移饟接濟議下三省督撫施行厥後
黔亂卒由此定從公言也而直隸遭旱大饑三口通商大臣崇厚

又舉公籌辦全省荒政謂可獨任其難　朝廷方虛心倚任未幾
而公遘嗌疾八年益甚請告開缺不帀月卒於京師春秋六十有
幾曾祖某祖某考某祖考皆贈資政大夫工部右侍郎妣某某氏
皆封夫人配某夫人無子以從子承霖嗣某年月日歸葬貴筑北
郊紅邊里吉宅壩之陽公由縣令歷中外三十餘年皆以清正
愛民著稱而天津治績尤異百姓歌之曰為國為民天津府剛毅
不撓胸有主及海疆變起羣吏望風解竄公獨以二千石守死自
效不為外侮所屈辱天下高其節競以比漢典屬國蘇武云今公
没二十年墓道之文未具庶昌深恐遺事湮軼後無復能言者乃
表公大節於阡而別綴他行誼聲諸銘詩使並有攷銘曰

擾擾羣生孰能無死泰山鴻毛惟其所止止而得所死則死耳求
死如飴時或不死大節炳完如石公是公之為政學道愛人輔仁
造士羣彥萃振聾剔姦拐平市米銀令行禁肅化暨海濱公之聽
斷老吏若神曰石一堂民自不冤潞河漫漫郡為衝墼公日不遑
殫求民瘼露𩓐風梳隄卑埝薄導水歸流民迺反作公事上官不
為跛骫直道而行仕已任彼坦懷率真亦厭苛禮御吏如奴視民
猶子雅善談說名論波起雜以詼謿粲花齊委文章游藝飣餖一
編唐堂香屑誰與後先天機雲錦儷巧組姸風雅道變極於是焉
紅邊郭外踰越阡陌攢峯之阿古壤所宅天實留此永奠公魄刻
銘表忠用載史筆

趙剛節公神道碑銘

公諱德光字輝堂郎岱張氏少隸提督趙德昌戲下數從征伐冒姓趙有大功於黔黔之人皆樂稱趙氏遂不復改黔亂之興至同治五六年兩極公嘗以孤軍枝柱省垣蔽翼三府七州十一廳縣之地勇冠三軍所向無敵中外皆以名將目之公亦自以討賊為己任也咸豐六年始由勇丁征剿雲南回匪積功保六品軍功藍翎八年雲貴總督吳振棫飭令回黔剿匪於平越一帶以千總拔補 賞五品頂戴十年克復修文縣城擢都司 賞換花翎苗匪踞獨山州城攻拔之北徇下羊場巴香直抵清水江剷平四十餘壘明年破賊沙潭江口再捷於主戎山威名由是漸起 賞豪勇

巴圖魯名號同治元年進攻王卡王卡者在清水江外賊之老巢也山箐深峭公得降人詗知賊以腰蘿溪新寨巖為門戶旁則花巖梯子巖間道走蘿溪公分軍塞其旁別遣奇兵瞰寨巖後而建旗鼓自將當其前與賊爭山累肩越壘以進氣鋭甚遂奪王卡拔出男婦數千人追至尚大平毀賊寨而還衆聲大和 命以副將留黔補用二年克復舊縣補都匀協副將記名總兵三年公方營東山平圖霸芒而省門告警率師回援縱擊於紅邊北衙大膞於永樂堡再蹙之小箐又以其間收復龍里與賊戰於城内江西街賊陷鎮西衛攻清鎮廣順定番長寨俱失公引兵而西連下數城出奇制勝所在戰克復北定開州修文賊逼青巖又南出貴定龍

里黔西大定望援切巡撫張公亮基檄公往應公自開州横出陸廣河掃蕩而前又以次戡定已而開修再失公憤禍變之靡已也益晉部曲而申討之警備不虞雖以記名提督送署古州安義鎮總兵遥領而已方是時省之南則潘名杰省之北則何得勝二巨憝者卵翼其間又傅以苗教回狆黨嘷朋咻羣盜如麻公提孤軍當四戰地數不滿六千頻年轉戰無一虚日饟餫匱竭至或忍饑赴敵露處於嚴風酷雨之中終日荷戈不獲一飽而含宏淵默未嘗一見顔色人咸以為難愈益欽敬其攻賊也尤善為超距鵰刦之法賊莫知所為備皆畏憚之號曰鐵脚板云五年擢署貴州提督正月克復永甯州城踐血而西甃募役司蹕張官堡掇翁貴廣

興撇賊而東趾倉坡踣舊縣搤黃土坎軍久無功張公令圖油溪
公曰責定百里皆賊雖有忠義永固諸團僅能自守一隅不足以
牽賊勢某以孤軍深入而竄城洛白諸隘係賊藩籬無軍進討今
張樑李忠恕童三元等咸觀望不進使賊得專並一路乘我後軍
此劉廣橋民屯所以被襲也兵則愈疲愈少賊則日戰日多況油
溪在黃土坎後其能越寨進剿乎會暑疫回省其秋赴援安順追
賊至頭鋪二鋪大破之安順圍解六年春再援定番出賊不備疾
馳至穿心堡乘雷電中奮擊士皆殊死鬬賊大潰墜崖罣樹死者
以萬計斬賊酋許八大等進迫花山降二十餘屯直抵底季登山
營兩峯間斷賊樵汲遂拔陳喬生逆巢聲威大震遠近快之　賞

換博奇巴圖魯旋密疏奏保按察使鮑桂生請破格擢用　上以
公武臣擅保文員　命傳旨申飭郎岱賊入安平公乘勝要敗於
蘆荻哨日加晡率數騎渡河度地勢驟中伏鎗墮馬從者驚潰賊
出剖心裂腹攫公首以去同治六年七月初五也年纔三十越二
日趙德昌所遣守備楊嗣基接應公者至公死所賊猶未退衆皆
痛憤見紅巾賊十餘負公首疾馳嗣基揮騎窮追及之沙子哨悉
數殲滅奪回事聞　上悼惜殊甚加太子少保銜照提督陣亡例
賜郎死事地方及貴州省城郎岱廳原籍建立專祠　予謚剛
節　賞騎都尉兼一雲騎尉世職曾祖某祖某考某　贈振威將
軍妣某某氏皆一品夫人配雷夫人生子甫彌月耳某年月日葬

某里某山公之行軍也一以愛民為主有警即赴如患難之在其身以故百姓戴若慈父母諸路告急皆求提督親行一聞公至相率輸豬雞菜果或炊飯以待及其卒也士民皆巷哭失聲悲痛至不忍聞嗚呼忠且仁已銘曰

世變之興利賴賢哲文武同塗有殄斯滅黔亂紀餘孰為其烈文則銅山武則剛節惟公首出光嶽所分將材天授匪由學厪栗姚冠軍氣吞凶逆匹馬入陳萬夫辟易人方却退公獨摵堅衆如振槁公屹若山為民復讎視如家事有功莫居遇險弗避嗟我黔士君子六千豈無軀命誓與同捐感公忠勤不忍背畔萬棘千艱共濟時難中道而殁隕此長城震驚邊徼人喪父兄莫教衛楚不知

所益決腹斷脰以憂社稷公實近是大勇忘身千載墮淚視此刻

文

贈内閣學士前安徽鳳潁六泗兵備道任君神道碑銘

君諱蘭生字畹香江蘇震澤任氏任之先出於孔子弟子當陽侯任子不齊傳三十三世至梁新安太守昉始家江南又三十二傳曰伯通自宜興徙吳江同里鎮吳江與震澤同城令又為震澤人君生而英敏縝栗自少則見端緒年十二隨父訓導君拯飢委巳救人具列條理長老驚歎為文章慕先古不中時程嘗一就禮部試罷去遂以同知投効皖營喬公松年委充前敵營務處至則大為果敏公英翰所賓敬事必咨而後行雖河集者今所設渦陽縣

捻賊老巢也貫渦河之中捻賊絕欲得之以躪潁亳壽三州之地同治四年僧忠親王戰沒曹州城下賊酋張總愚任柱賴文光益横合衆十餘萬南趨圍之數重時守兵三千人形勢寡弱英翰公謀曰今賊衆兵少一不冒萬死一生之計以求援則彈丸小集糜爲齏粉矣於是屬君與今雲南布政使史君念祖堅守而自率數十騎即夜潰圍馳出賊偵知益疾擊君廣設方畧隨敵應變神諏鬼諮賊不能窮逡巡失氣圍中食且盡君以餘粟分置四門虛內倉而實其外標眎充積矢守益固相持四十餘日而英翰公以援師至卒大破之賊鹿埵隴種而遁聲譽翔起遠近皆奇君才以謂可屬大任矣厥後蹙李允於盱眙滁州遏任柱於宿遷殪張總愚於

臨清靡役不從算即克捷臨清之役英翰公凱旋至南樂軍士十一人為某寨所阬殺眾怒欲屠之君請以二千人往單騎款寨門一諭而服斬八人而事已歸渡黄河也馬步四萬君下令舟各載二十人渡南予劵日暮計劵受直軍至如流是時君已改防軍營務處兼綰淮北牙釐局駐壽州君綜覈之才冠絕一時奸蠹所叢皆能窮抉奥竅絲粟不得欺隱復以餘力治寇捻賊雖平而皖豫頴亳間孽芽包荒伺間輒發君耳目廣布悉鉤致其計畫主名先事覘情翦其牙翅應時摧破無留餘者一州以甯累功至 記名鹽運使安徽補用道 賞布政使銜光緒三年署鳳頴六泗道安徽巡撫裕祿公兩江總督沈文肅公葆楨吳公元炳交章論薦五

年遂拜真除之　命矣中間一署按察使君既與民蘇息於是盡
飭吏治以清獄訟整緝捕為課吏之首以勸農桑興水利為養民
之原以修書院設義塾為教士之本陂塘道路平治修濬義倉豐
備儲使充牣大小庶政條綜周密廢墜皆起然獨君精力能行之
他人學者不能至也而晉豫大饑流民走死入皖君守便宜發倉
廩賑濟前後收養資遣凡十一萬餘人皆占記籍尤以此名譽在
口先是君任鳳潁六泗道七年以留用革書屠用亭被劾落職居
無何紳民謳思善政醵金八千兩代籌捐復再奉　命發往安徽
是歲河決鄭州黃流四溢皖北尤被其烈君復任賑撫事益感激
馳驅乘騎周歷轄境形神並罷疽發尾閭未幾竟卒光緒十四年

四月十九日也春秋五十有一安徽巡撫陳公彝臚陳事實照道員積勞病故例從優議卹贈内閣學士事蹟宣付史館立傳坿祀英翰公專祠嗚呼偉矣君之先世代有隱德曾祖祖望祖振勳均國子監生考酉附貢生候選訓導皆贈資政大夫妣皆夫人配陸夫人妾潘氏子二傳書傳薪女子子五人某年月日葬君某所君鄉人淩君淦者與余善以余昔令吳江寓書以神道之文相屬而余亦自美君政畧故忘其弇鄙而樂為之辭銘曰

豪傑代興大難斯靡前湘後淮異軍特起亦有皖軍克趾厥美將帥聯翩戕亂而止維民有瘼吏事實難任君天授嶽嶽膽肝外臨戰陳内靖凶頑愛人學道秉心所安淮潁之間捻巢榛莽梟狼是

棲人禽反掌君不鄙夷曰吾師長撫此獷區風蘇雨養七年報最民和政成古有遺愛如君式賡請祠復秩直道在氓我銘貞石永播休聲

丁文誠公專祠碑

光緒十一年四川總督丁公奏請建昭忠祠祀公與中丞唐公炯援黔之軍之死事者　詔從之明年衆議建祠於貴州省會之南雪厓洞之側四月祠未成而公薨遺疏入　天子動容嗟悼　詔葬公山東歷城與諶夫人合　贈太子太保入祀賢良祠予謚文誠蹟於中興輔佐之次未踰月山東巡撫請建公專祠於濟南維時唐公方以越南事繫部獄庶昌丁憂在籍乃走省城集耆老搢

紳大夫而謂之曰當咸豐之際黔亂肇興苗教並發省垣兵饟兩詘坐致困斃各省方救死扶傷不暇何有蚍蜉蟻子之援丁公毀家起鄉兵擊賊捍閭里由近及遠救安平援貴陽剿平越獨山甕安麻哈守都匀馳驅五六年軍事稍定省城危而復安其後北平捻匪護援京師中原肅清撫山東督四川前後且二十年勳業尤磊落動宙合而其平日植躬儉介志意皎然不欺有禹墨之遺烈使頑懦皆起黔自建省以來名臣碩望接踵代興攷其勳德之隆未有如丁公者也且以本籍故事言之李恭勤尚書也治行為乾隆間最揚勤勇果勇侯也平定新疆川陝王壯節朱勇烈王勇壯大臣死綏者也或裂尸斷臂或累世效忠劉松齋天下之清官也

教匪之亂無役不從唐威恪則名臣而蹈節者也以至石侍郎抗天津之難陶文節殉都勻之守然而通祀不過名宦祠不過昭忠鄉賢未有旌特殊異之典豈　朝廷忘之哉毋亦鄉人簡忽無任事者之過也今丁公勳德尤盛若醵金請建專祠事既應法且慰鄉人仰止之思感發興起欽聳來哲其於臣道未必無裨皆曰公言是於是合四十八人上言巡撫潘公潘公以聞得　旨報可其明年唐公出獄復以巡撫銜赴滇督辦礦務道出貴陽經理祠事前敘永廳同知華國英任之又明年落成吾友莫庭芝寓書來告祠建於雪厓洞與黔軍昭忠祠相屬於是庶昌大書其事於麗牲之碑並為之辭使可歌以侑樂公諱寶楨字稚璜平遠州人咸豐

癸丑進士辭曰

圖雲兮關東爛巃日兮曈曨紛龍蛇兮在户叛陸離兮新宫亘邊

陳兮咽簫鼓羅滿庭兮惟黔士女公之靈兮亙霄騎箕維兮回翔

以下子弟兮八千被犀甲兮彗戈鋋勇氣之兮昔日相患難兮後

先孰為生兮孰為死公之靈兮宜顧而喜悲游子兮故鄉魂魄猶

思兮樂此願公留兮勿歸公歸去兮黔士心悲撫瑤華兮延佇建

芳馨兮以遺我來者臣有則兮士有師我銘質兮公知之

特用知府華君墓志銘

自丁文誠公剏辦黔滇邊岸官運法權蜀鹽之利盡入縣官以贍

度支之急歲增銀百餘萬兩户部恆倚以為重建議者唐公炯而

卒成之者華君也君諱聯輝字樫塢遵義人同治初元教匪肆擾遵義君避亂徙家貴陽乃始棄儒學賈而業鹽君精心多計畫且讀且賈十餘歲居積致數萬金輒以分散親戚朋友鄉故貧乏澹然若無營者君之意以為人者萬物皆備於我上當博施濟衆充滿乎仁聖立達之量次亦宜存心利物求有濟於世庶幾吾儒性善之旨否則雖茍富貴何益時人莫能識也惟唐公然之光緒三年文誠總督四川將整鹽法而未得要領唐公言於文誠曰自古有治人然後有治法遵義華某者其於鹽務利害至精熟也今公欲掃孔桑之豪析規劉晏之常平將非其人不可公乃以書致之與計事大悅歎曰果奇才也唐某誠知人改運事一倚君主辦君

亦竭誠贊畫巨細躬親蜀鹽敝壞久始變法改為官運商銷事不
更州縣之手舉百餘年中飽悉奪而予之官胥吏交怨而富商豪
賈夙斡井竈之利以役細民者莫能持輕重亦不便所為相與煽
議厖譏羣蜚四掣冀且復舊商情亦訌沮觀望不肯領運而公家
運本詘貸外省者四十萬僅得乃八萬文誠亦頗疑以問君君曰
公此舉裕課卹商便民深合大學理財之道非聚歛掊克比法無
可疑者今獨商情未達耳某願親赴各岸一行與之區畫保為公
成之君至開說利病狐猶冰釋不一月而繳本領運者四十餘萬
兩官運由是大豎其法於瀘州居中置官運總局井竈所置廠局
各口置岸局廠局就井竈糴鹽委員押運以授岸局岸局轉而糶

之商人不復問其所之而第設卡以事稽察凡滇黔兩邊額引帶銷配運出納皆筦其權於總局復於總局置裕濟倉以平鹽價置大盈庫以受各局委輸其引課稅釐皆納銷於成本之中商無私估官無外取引無留滯課無責逋利歸公家而市無騰踊之患方是時黔滇兩邊商號林立不枚官法之能行而恃君一言以為身家進退之計蓋其平日經事綜物宅心公普為眾所信服者深也君中光緒乙亥鄉試舉人文誠以官運既成奏請破格錄用　特旨以知府留於四川補用君辭不就職在局數年亦不受薪俸光緒十一年正月初九日卒春秋五十有三西南士大夫商賈聞者莫不歎君之未盡厥施繼以嗟惜文誠尤深惜之曾祖開宣祖文

才考銘軒皆贈如君官妣皆恭人配蕭氏子二之湘先没之鴻以
某年月日葬君沙子哨君事親孝爲弟悌處鄉黨仁厚可以風勵
薄俗其弟國英别有行畧余采入黔故頌不悉書今特揭其功在
國家者以待論定於太史氏銘曰
俊傑者謂識時宜蜀齷齪壞誰職之繄惟華君整其維大利在國
返度支綱緒既就駕而馳天乎人歟吾匪知劉晏後舍君焉誰
蕭吉堂先生墓志銘
黔有經師曰吉堂蕭先生神明於易先生治易不求諸傳注而求
諸本經不求諸本經之象數而求諸其辭其字其始若極穿鑿可
怪笑者取本經經傳之辭除其重復得字一千三百三十有六大

體以卦象字為母爻翼字為子依許氏說文求其故訓離其偏旁

䜇其聲紐茫如涉大水無津涯而觸牆壁也先生益一不自悔窮採

力索研幾極深神謀鬼諏啟其篇䈥竟搆元解久之得直卦倒若

干事因而旁推交通㤥游餘刃凡十易藁積十六年而成屬辭十

二卷通例五卷通說二卷最數十萬言又取繫傳中孚七爻為一

六居下履九卦為二七居上咸十一爻為三八居右離十三卦為

四九居左大有一爻兼乾坤為五十居中成大有圖即孔子之言

具河圖之數以為綱領又於二十二卦中三陳之履九卦取履至

明夷三九明夷至履四九為履九卦圖以應序卦雜卦之次第又

於十九爻中以中孚七爻七乘之以應大衍用數證大衍章古本

所以直接七爻之義其說以乾元亨利貞五字爻辭五十字卦名四大一有大有彖爻五十字為五十有五準天地之數爻辭十翼不同字各五百五十由天地之數推廣而出文周統舉於卦爻孔子分配於繫傳皆不假强為一若三聖人者之於易卦傳爻翼用字皆有定程度其用心不當拘曲若是而先生卒以是上契書不盡言之旨推見天地之心自然之妙不慊不溢為漢九師宋五子陳摶劉牧邵子來知德諸儒所未著因漢而悟宋由困而得亨可不謂神乎其知變化之道者乎先生諱光遠字吉堂遵義人道光十七年丁酉舉人選青谿縣教諭未赴虛憺寡欲不騖仕進迭主湘川培英育才書院講席數十年弟子去來數百人無有能傳其

業者以先生之學皆由神悟不可得於語言文字間也光緒乙酉年某月某甲子卒春秋八十有幾曾祖某祖某父某娶某孺人子二某縣學生員次某孫幾人葬某所某山先生之書别有易字便蒙均語毛詩異同漢書彙鈔詩文集若干卷皆非其至至者易圖要之先生以易名也銘曰

易道坦然自明白鈎河摘洛數乃僻謏夫鑿之益乖格詎知至理目日覩三聖心源並一迹卦象爻翼義各適字匪苟用有定式數位乃與天地則先天之圖在孔翼聖伏神祖孰爲摘鑽堅仰高守以墨窒極得通卦涂闢三千年間見真易

向伯常墓志銘

吾友漵浦向君伯常識足以致知勇足以幾道故有濟時之志而不屑以功名終也有高世之行而不欲以文辭著也自君之没蓋未嘗一日不思思之未嘗不以是儀於人令二十五年矣吾求友於天下亦善且多未見有如伯常者伯常天質曠美又能搏志好學大抵務精博而求有要不苟尋聲以逐時好亦不迂遠以闊事情期在明體適用不睎至於聖不止平居終日闇修而已自古仁聖賢人孔子所慟歎如顔淵冉伯牛吾智不及知若後世李元賓王深父之倫即吾能知之矣以伯常儕視顔冉非知道者所敢任然或冀靳一至焉雖與之極其量可也至如元賓深父則信可以過之其爲雄駿非常傑出之士矣君雖不遇孔子猶得遇曾文正

公未爲不幸而惜乎其止於是也其止於是天也非人也君子之所共惜也伯常諱師棣由諸生以軍功保舉特用江蘇知縣同治四年冬從事曾文正公徐州幕府一日得暴疾不溺遂卒年三十一余請於文正具棺斂之文正嗟悼不自克率僚屬用軍禮祖奠遣之反葬其尊人在和州未及聞也既行而余始以伯常之死告曾祖某祖某考某廣西某縣知縣妣某某氏娶某氏子學耿某年月日葬君某所光緒十五年庶昌乃追爲之銘銘曰

苗秀之特兮孰使其不實也玉璞之猛兮孰使其不器也嗚呼伯常吾烏測其所自也

長姬趙孺人墓志銘

光緒十六年九月余遣孺人送兒子尹驄自日本還黔歸娶十月二十七日癸亥孺人道没於嘉魚簰洲司舟次春秋三十有六尹驄還至武昌以電來赴時余在東京東京有所謂淩雲閣者高數百尺於是翌日造淩雲之頂而望弔焉致余升號之意東臨滄海西極武昌浩乎渺漫孺人之音容不復可接於吾之耳目矣歎息良久而罷孺人蘇州趙氏年十五歸於余為側室余字之曰曼娟慧婉有志操頗識字能讀百家傳說諸書卑約自持入門而凡嫂皆喜女姪咸慰順事嫡長以温以飭篤摯不渝久而交愛中間嘗一還家不鄙夷其鄉人無疏數新故一接以和尤推賤尤子存卹宗族閭黨爭譽之不容口余是以知孺人能型於家也甲申八月

余在日本三年矣海上方有警吾母病足久未瘳一日心動亟使孺人歸覲隻身渡海還至滬上母見大驩翌辰而吾母考終得與含斂余是以知孺人能事親也余之奉諱里居也將出山猶豫未決孺人責余丈夫當激昂志氣出而出耳荷促井閒中幾見山水間有不朽盛業乎余悚然敬異之立治行入都再拜出使日本之

命余是以知孺人能相夫子也今又以余羈旅王事之故躬送子還黔孺人之所以為余則至矣余於孺人何也而不幸前喪是豈所謂命耶抑非耶斯足慟已初煙臺條約成始有遣使西洋之役海外事茫如也湘陰郭公嵩燾檄調參贊四人出洋皆以大瀛廣遠疑沮不樂往獨余奮行使期敦迫余自通州花布釐金局至

揚州寓舍暫與家人別孺人年少不敢沮余行而意不欲往惟數數視其釧環嘿無一語余乃置酒私室酌孺人酒酣起而為違遠之歌召善謳者撫絃而節之歌曰違遠國兮天一方際入日兮浩洋洋御輪船兮涉地維徑萬里兮使倭遲海水廣大橫絕之載黃鵠兮高翔馳吁嗟黃鵠之舉兮安可得而繫羈歌數疊孺人嗚咽流涕不能自止明日別去去六年而始歸歸而再使日本挈孺人以行是時日本新變法崇重西術每有大朝會備禮延見各國公使夫人余守行人受命不受辭之義以權宜為指使孺人入宮參謁其帝后帝后斂容謝焉以為違禮其後兩國交際日隆孺人與有力也子一即尹驄國子監生孺人既沒寓其柩於武昌將以某

年月日返葬遵義縣東七十里小青棡林先壠之次預為銘伐石以待銘曰

吁嗟孺人其來也何從乎其往也何息乎將俾汝以託吾宗乎胡歲年之隆盛兮命檪絶而不逢乎天地至廣大兮其孰能搏控乎生既非我有兮死盍曠然若發蒙乎歸骨於故郎兮依吾母以永終乎千秋萬歲兮哀人生之無窮乎

仲姬王氏墓志銘

仲姬字新寶松江秦氏女也父母死鬻於戚黨王氏因冒姓王松江瀊滬濱王氏教之歌舞攜至滬欲以納之薈芳里中姬堅執不從為其家人所厭薄遂得歸於余余適有奉使日本之役舉家

東渡大為長姬趙孺人所愛悅姬頎身小衷居室溫謹有幽閒之度光緒十七年余任滿歸國仍寓家滬上趙孺人前沒數閱月矣姬思念不已時時愴然未幾生一女乳憐越三日而病病四日而沒實六月十七日也年二十有二將沒之前夕余妻臨視指乳憐曰妾不幸短命以此女累夫人矣轉壁歔欷而泣余妻亦泣已而曰棄之蓋測余妻年老衰病不能終撫育之事也其語尤痛絕不忍聞始趙孺人之病道沒於簰洲司舟次余遠在日本及姬之死余又在都距南歸十餘日耳皆不獲一見以遂永訣亦命也夫是年八月余赴任川東道溯江西上挾兩棺以行抵金雞背舟覆遂流百里幸拯而起生故與長姬相親愛若姊妹也死又同厄於水

於是便道還家即以其棺合葬小青棡林先壟之次爲之起冢而題曰吳姬之墓遠近聞而悲之或曰是葬非古法也余曰後世人事變古者多矣獨此一冢乎又烏足病乎銘曰

是爲拙尊園主人之妾依父母之松楸歸骨此土永奠於幽

莫芷升墓志銘

君諱庭芝字芷升獨山莫氏猶人先生之子子偲徵君弟也君既樂有賢父兄進則劬志好學怡怡孝友退則闇然自修不違如愚比長而業日進遂通羣經諸子兼及說文漢隸分篆詩古文辭然皆視爲術之寄於道未尊其學要以省身寡過爲宗旨近曾子家素貧嘗館穀於外遨遊公卿間食力自奉妻子饘粥或時不給無

幾微見於顏辭天性平恕與人交終身無所忤即有橫逆君不與校或反引咎責躬視其心恆坦蕩然若不知富貴功名之可以術取也者醇篤而已矣而又非遁於莊周列禦寇之倫湛冥得喪自放以適其趣自周道隱仲尼没世論無德行之科久矣以余觀今世士欲與之進中行之道若君殆其人邪君舉道光己酉拔貢生選思南府教授晚主講貴陽學古書院與黎平胡君長新子何齊名何君之介君之和易皆官司徒友所交服而論定者也光緒十五年四月二十四日卒年七十三貴州一省僻在西南夷文獻寥落近古無徵自君考猶人先生為遵義府學教授始以樸學倡導士林洗南中之陋其於漢志牂柯郡縣鉤覈精嚴教授君没君兄

子偲徵君繼之高名宿望震爆一時撰遵義府志黔詩紀畧以存國故黔事始爛然可述厥後子偲游江南君又踵為黔詩紀畧後編耑綜　國朝之事蒐討尤勤潤色益備蓋自嘉慶中葉以還君家父子兄弟緜嬗賡續垂七十年斯文賴以不墜及君没而遺獻盡矣君配何氏子桐孫橙孫橙孫先卒孫先甲女幾人某年月日葬君某所君生平工小篆八分書自得天趣為文章無存稿亦無多撰箸自黔詩後編外僅存青田山廬詩二卷詞一卷余為刻之日本坿於黎氏家集後君本以儒行著稱晚歲味道益篤白鬚飄然垂尺許儀度甚偉每出入羣兒環繞聚觀驚若神仙者流也余欲為君圖像而畫工無人惜其莫能圖何哉銘曰

孰道之蕲孰聖之睎匪雕匪繢良玉素絲嗚呼芷升儒質近孔天
實昭之循牆入室君其庶而墓門有石我銘在兹

莫善徵墓志銘

君諱祥芝字善徵晚多鬚髯又號拙髯獨山莫氏先世居江南上元明宏治中有名先者征貴州都匀苗留守家焉四傳至雲衢遷獨山州兔場遂為獨山人君高祖也曾祖嘉能祖强附生考諱與儔嘉慶己未進士翰林院庶吉士四川鹽源知縣遵義府學教授皆贈通議大夫曾祖妣氏吳氏周祖妣氏邱氏蕭氏張妣氏唐氏李皆淑人君兄弟九人居齒最少諸昆仲多用學行顯獨君以才能為士論所推自咸豐初年從巡撫韓公超剿滅桐梓賊楊龍喜

於葛彰司聲譽頓起衆往往指目莫九爲異才堪任軍旅矣初以縣丞候補湖南曾文正公之起兵挈君東下嘗令登山瞭望繪圖以定攻守之策咸豐十年楚軍合圍安慶文正與胡文忠公檄署懷甯縣事假石牌爲治所公私孑立而大兵開濠置壘日役數千人責君應付羽書徵發局門成市君佐軍撫民事辦無擾當是時文正方以氣節勵天下士皆爭自策磨君位置尤峻不肯詘體於人爲忌者所中誣以貪墨事文正奏劾君既而知其枉復奏白君以縣丞降補檄筦山内糧臺數年翕和衆軍調飢餉渴經費至數百萬無毛髮欺侵金陵平以勞擢兩階君爲人强毅精敏天性長於吏職雅善折獄他人數十百言不能得其情者君一二語已中

窾要尤喜摧抑强宗雖謗怨羮沸不止嘗以三事名齋曰不生事不畏事能了事其自負若此初任六合歷署高郵上元通州兩蒞江甯調補上海屢以海運保擢知府加三品銜升太倉直隷州在任候補袁榆生者文正公壻也金陵平後君覔坊口巨館一區置報銷局袁納賄率親兵數十直入堂上阻撓詐稱已寓君壯聲呵折立笞親兵數百袁大沮文正公聞之嘉其勇敢不惑高郵生員馬某者積惡訟棍也操刀筆數十年破人財無算歷官皆不能治君遣役逮捕窮籍其奸猾狀即日下獄論如律一州盡驚總督馬端敏公新貽初任兩江其庖人索供應詬縣僕值君衙參命予杖司閽者出左袒君笞庖人墀下畢鎖還縣請發閽並治端敏使弟

來謝良久乃釋同治九年金陵譌言奸拐迷人民間無故相驚恐各以十字架木布列街衢道無行者君出巡視鞭作俑者一人風使解撤一日而市廛復安已而盜殺端敏城中再擾亂君繫盜縣獄外懾羣小內鉤致獄辭百官就鞫數月不決　朝廷遣大臣馳傳詣治卒從君初讞定議某商設鹽肆金陵苦售不廣請於巡道孫公衣言集醬園數百家稽缸派額孫公韙其說君抗言病民不可持之堅與孫公大忤而議卒不行孫公故與君兄子偲徵君友善者也上海東北近郭盡租界惟南市自成一境富商郁氏有地居市尾英人重利啗得之為闢地自廣計君亟白大府就籌二萬金值還而以其地建海運局繇是南北二市截然分明二十年無

敢越尺寸縣民程宗雀訴人殺其弟於途遺刃刻名金某逮金至則樸愿不能語君察宗雀貌很戾腕束重帛解視拒傷宛然笑謂之曰殺人者汝也宗雀色變乘間詰磨不刑而悉得其圖產謀害嫁禍諸始末遠近以為神光緒十年法人封閉海口糧艘中梗南漕數十萬抵滬駁船不能卸載舟子七八千人環叩糧道主持不得則持械集商船公所毀牆室奸人旁煽召呼勢益衆且變君至徑入大衆中諭以勿動為平亭收放積貯之策衆且譟且服斂手而退崇明沙田百姓畬種成熟皆民產也巨紳李某罷歸假書差名悉占為已業縣莫敢誰何君至太倉發案牘究書差主名甚急李知事屈丐上官求解盡反民田君不許責李輸巨金助賑乃已

仍置書差於法君生平治迹大氐皆類是事多不悉書書其著稱者其在六合清釐田畝招集流亡曲有恩紀在江甯開上新河四千六百餘丈保衛民圩請辦抵徵緩復額民力賴紓修上江兩縣志以存文獻治上海最久通商數十國事有交涉會審君必示以誠信遇不可則守約固爭堅若金石大為外人所屈服城中乏水潮落則艱於取汲君廣擇善地開井井成而民甚便之其蒞太倉驅逐江湖游猾而於皖楚貧民流寓墾地者為之調停主客使可並安又預籌遣散之法此皆實惠及民廩廩有良吏風不可得而遺也光緒三年舉治行卓異沈文肅公葆楨以風骨遒峻特薦吳公元炳繼之　天子方留以待用而不幸没矣君卒以光緒十五

年三月初一日春秋六十有三配余淑人早卒繼配張淑人子三科分部郎中先没祁出嗣君八兄生芝兩淮候補鹽大使庶昌之第二女壻也棠貢生主事銜孫天錫天賚天麟孫女幾人君没後寓家蘇州祈等即以光緒十七年二月八日葬君光福鎮銅井山之陽某山某向初君家兄弟廬墓之志甚堅道光中教授君卒卜葬遵義縣東七十里青田山距黎氏六里而近同治九年君兄子偲卒於興化君解江甯任持期服走數千里返葬之青田兄子彝孫復踵葬焉及君没而遂卜兆蘇州君兄芷升後君一月卒又覊厝貴陽人事之變幻豈身後所及料哉銘曰

光福之原太湖吐吞靈秀所宅匪仁不鄰吁嗟善徵奠魄於此以

祚其子孫

貴陽王氏四世五忠三節烈合傳

嘉慶五年閏五月湖北宜昌鎮總兵官王公凱討教匪於南漳之馬鞍山死之越三十三年其子國華襲職爲湖南提標營參將討江華猺復以戰死咸豐四年國華子古州營都司臻祜從湖廣總督吴文鎔討粵賊駐軍黄州堵城兵敗又死焉及同治四年臻祜子朝選禮乾亦以剿匪殉難於開州之燕子哨先後七十年間祖父孫曾專將死國四世五忠繼踵於一門之内至光緒十七年而其家復以三節顯嗚呼此自史傳以來未有之奇烈也此所謂一瞑不視窮天地亙萬世而不顧者也豈不壯哉豈不壯哉勇壯公

諱凱字清宇貴陽人少豁落有大志乾隆三十八年從領隊大臣奎惠定邊右將軍明亮征大小金川由行伍超至營長勤勇為諸軍冠兩川平凡四十五戰功皆最自貴州平遠外委累升雲南武定營撫標左營守備　賞戴藍翎四十九年升湖北道士洑都司五十三年八月遷衛昌營游擊　賞換花翎五十五年升湖南桂陽營叅將五十九年遷江南安慶協副將六十年擢浙江定海鎮總兵嘉慶二年以不善乘舟為巡撫玉德所劾　上念其有勞發往南籠軍營交雲貴總督勒保帶兵剿狆苗是年十月補貴州都匀協副將三年四月授湖北宜昌鎮總兵赴白浪營防剿會均州賊至與大兵夾擊殺八百餘人湖廣總督景安令公率湖廣河南

江南江西兵屯鄖西巴東以防四川逸賊既而剿賊於竹山竹谿皆勝五年閏五月偕領隊大臣明亮與青號賊徐添德戰於南漳之馬鞍山公先入陷陳大兵繼之不克公為賊所圍四面盪決殺三人身亦被數創遂隕於陳事聞 天子曰王凱在軍數年甚為出力今臨陳捐軀深堪軫惜著照提督例賜卹 予謚勇壯子國華襲騎都尉兼一雲騎尉世職國華字文山好讀書性沖和都雅君子也嘉慶六年襲職十年署古州守備歷署上江古州都司撫標守備代理大定副將二十年五月補凱里營都司又署上江下江荔波游擊二十四年六月調威甯再署上江下江游擊道光六年權湖南提標營游擊次年署本標參將八年兼署都司十二年

江華猺反從提督海淩阿征之二月至甯遠之池塘墟力戰死
賜卹如例子臻祜襲職臻祜字伯昌為人剛正有才藝道光十三
年襲騎都尉十九年署黎平營守備二十年以後洊署撫標貴陽
鎮遠游擊台拱參將提標游擊以捕革丙苗功補古州都司與胡
文忠公林翼友善後文忠作傳呼以為伯昌將軍也咸豐元年粵
賊陷永安巡撫周公天爵奏公謀畧精詳檄調赴永安從都統烏
蘭泰攻克其城又破金田村莫家村水竇各賊巢尋以病歸仍蒞
古州任三年粵賊順江東下 廷旨甄材雲貴總督吳公文鎔又
以公世家將門才具勇練入 告六月至長沙防堵旋至江西解
南昌之圍十月粵賊陷黃州時吳公已改湖廣總督四年正月從

吳公駐師堵城大雪盈尺賊大至公背水而軍大戰良久賊敗走另股賊由長江繞襲我軍之後勢不支復力戰死焉吳公亦殉公有子二人長朝選字翰臣候選州同次禮乾字健臣貴陽諸生皆有才學工書畫年甫弱冠聞其父之死扶服抵堵城求屍不得誓不復反往謁胡文忠公文忠以堂有重慈力慰遣歸至則奉父衣冠以葬貴筑陳銛者重其家世忠臣以女妻翰臣婚數月再往文忠英山大營冀報父仇殺賊雪國恥居無何粵賊石達開竄貴州省城戒嚴翰臣復歸省視已而丁祖母周太夫人承重憂欲再赴鄂不果行翰臣故將家子多籌策年少才俊又為胡文忠公所器異士大夫皆樂與交也安義鎮總兵林自清防剿教匪於開州一

帶軍燕子哨慕翰臣兄弟名雅意招致至則以營務畀之林分三軍適後軍將乏人即以翰臣接統一日馬嘶甚烈翰臣疑有變請移營據險不聽是夕賊果大至薄營諸軍皆潰翰臣健臣同戰死同治三年十二月初一日也翰臣妻陳氏有賢行在室割股療親疾夫弟禮坤本遺腹生年二十始患痘病勢危篤陳恐王氏遂絶禱於神復割股以療之病卒起自後世儒者之論繩之於事為越禮然陳以一婦人而能效忠王氏激發於天性之親割肌剔膚雖死不惜又遑知世論之非與是哉禮乾妻李氏歸健臣三月而寡今光緒十八年守節二十九年矣而禮坤妻胡氏其志節尤烈尤奇禮坤既無兄弟子姪以生員並襲一等輕車都尉兼一雲騎尉

光緒六年歸標八年署貴州中營游擊九年入都籤掣湖南補用參將假歸以親老不忍遠離請留黔補用而其母羅夫人聞法越事起閩粵將用兵以禮坤將種欲令立功承先人志業仍令改回原省至湘數年落魄無所遇舌耕餬口最後始為巡撫張公煦所知檄統護衛親軍不幸數月而沒胡氏未之知也胡氏廣東萬州知州胡君藻廷女習詩書愛物下人持身儉謹事姑尤以孝聞生女順英光緒十二年嫂陳卒胡念陳氏割股救夫之痛即男視已女如陳出為之制服盡哀再踰年羅夫人卒年七十八禮坤無音耗貧不能葬胡盡典衣物百方假貸成禮迨禮坤寄金數十至胡恐死不用悉以酬葬姑之費遠近大賢之光緒十七年九月九日

禮坤没耗抵黔胡始聞而仰天長號曰王氏累葉忠孝今無一脈之存傷哉命也吾何以生為是夜飲藥而卒顏色如生王氏竟絶茘波知縣湯君曉庵好善士也為之釀金斂葬於省門外南郊祖塋嗚呼天之報施善人其何如哉或曰三代為將道家所忌必亡其宗豈信然邪且天道至難明也以伯夷叔齊之賢而餓死首陽以顏淵之聖貧居陋巷而卒蚤夭盜跖莊蹻大盜也聚黨横行而皆以善終張湯酷吏也深文巧詆夷滅者幾何而奕葉持寵與漢相終始降及晚近枉道詭遇希世苟合儌倖於封侯富貴之倫至或累數世不絶尤不可勝道然而其生則存其亡則忽以視王氏忠義節烈炳如星日之麗天百世而下聞者欽悚記者傳誦且至

歷久不滅而逾彰者青雲之士皆將景而附之其得失賢不肖又何如也

直隸正定縣知縣循吏周君家傳

君諱灝字子純貴筑人祖奎舉人官教諭孝友篤行没祀鄉賢父際華進士河南輝縣知縣調江南興化江都兼權泰州皆有惠政而輝縣治行尤異桐城方宗誠作傳稱為循吏者也君為輝縣君第六子性廉正戇直尤不喜詖事必擇義而後動其愛民疾惡出於天性不以死生禍福易所守道光甲辰進士直隸即用知縣初署沙河補定興定興當驛道孔軌咸豐壬子廣西賊起二年矣

上命大學士賽尚阿公督師往討　賜遏必隆刀寵行時天下初

亂各省徵兵皆用承平軍興法大帥入境居有供行有餽兵弁有酒食賽公隨從數百人求索不饜則撞堂叫讙鞭奴僕毀器具勢張甚吏民皆驚走伏匿君患之督師行館在北河去縣十里君單騎上謁臨河驟不得船君遽攝衣亂流而渡至則毀館垣從後入見賽公言狀賽公責君供張不辦君盛氣與爭擲冠於地請賜遏必隆刀賽公始改容謝手令箭畀之員弁暴稍戢然自是大府雅不喜君君亦不茍求合孤行己意而已明年改正定九月大股賊林鳳祥李開方北犯賊自渡河破臨洺關陷沙河柏鄉欒城橫厲而前浸益驕視正定旦夕且下正定城大四十里倉卒無備百姓相率避寇入城君仗劍坐門闕督守命閉城知府某旗人也請送

眷屬回京不許請縋城出亦不許乃宣言曰吾守土官也有言出以亂衆心者吾必按軍法治之民情乃定令戶出一人乘城夜則持燈植立不得移尺寸復遣壯士數百人瀕水列陳賊從滹沱南岸望見城上火光甚設知備嚴軍又迫河而守計無復施相持六晝夜不敢徑薄遂旁竄天津正定卒無恙京師之所以不遽震驚者以正定阻遏賊鋒也民譽大起　朝廷亦以君守城有殊狀將不次擢用會有鎮標兵鬨事鎮標兵者箕踞坐茶肆見君過不為禮從者呵之標兵不遜反大詈君予以笞鎮營大譁號召數百人將毀縣庭百姓聞而護君聚衆與標兵鬭知府故以守城事嗛君左袒鎮營大府亦素惡其彊直遂奏劾君革職永不敘用百姓益

惘惘不能平也廵大府乞申雪不得則聘君主講愷陽書院合十四邑人士供贍之知君廉無以自活踰二年直督易譚公廷襄百姓復廵狀譚公據情入告得　旨開復或勸君從此稍和融可以安其位君笑曰吾豈桔槔也哉吾終不能任人俛仰矣再署安肅故城故城城窳敗不可守又值捻匪竄入君朝服坐堂皇待盡竟不攻而去譚公益奇之調甯河布政使某尼不使行留府發審同治元年六月罹疫卒於省寓年五十有三娶某宜人繼娶景皆前卒妾岳氏守節子開陽長蘆鹽大使次某孫五人長祜光緒五年順天鄉試舉人君卒後以黔亂喪不能歸正定士民聞之買地卜葬君城南為起高冢會葬者數千人請建專祠歲時奉祀不絕

論曰方君之由故城罷歸保定也余在君所授子弟讀疾革入視已不能言及卒敗衣數襲棺幾莫能具得僕某為之左右周章始就斂余親見其如此語曰廉吏可為而不可為如君之守死愛民皆巧宦所諱避怪笑以為大愚不靈者卒其食報如是之速三代直道之存曷嘗不在斯民哉余久欲為君傳而其軼事頗有未詳者光緒十五年始得君從弟江蘇候補知府蓮撰次行畧因刪正之而獨著其大節俾　國史傳循吏有所攷鏡焉

書朱軍門克金陵城事

記名提督朱洪章黎平人也字煥文英豁沈勇為中興一時名將其克金陵城尤推首功世罕知之者同治三年夏官軍攻城久不

拔李臣典建議於龍脖子山麓堅石最多處重開地道日列隊伍環攻積溼蘆沙草填壘欲平接而前與城齊以疑寇使多備六月十五日甲申地道告成議推前鋒未決有營務處朱雲章者楚人也以不得統軍為恨大言於洪章前曰若輩平日自命天下壯士今趣臨大敵便如鼠子卻縮探頭穴中吾知若無能為也洪章怒曰孰畏死者而汝為是言乎攻守未奉帥令若使某為先登有不蹈萬死以取洪酋生致闕下者如此皎日兩人爭論於營幕中曾公國荃聞之亟召諸將入署名令具軍令狀於是洪章遂署第一武明良第二劉連捷第三其他以次署畢凡得九將李臣典實主地道事雖列名未嘗任頭隊也乙酉日中發火城崩二十餘丈洪

章率所部長勝煥字三營千五百人首先登城從倒口衝入是時煙焰漲天甎石雨下賊復擁大衆謀堵築從城頭擲火藥傾盆下燒士死者四百餘人洪章摧鋒勸進所向披靡仰登龍廣山結為圜陣外傅與賊排擊諸將畢登乃分軍為三並馳洪章趨中路直攻偽天王府之北大戰一日夜俘禽偽王次兄洪仁達以獻金陵平論功李臣典居守洪章最四三閒或代為不平說洪章往刺幕府洪章謝曰是何言之鄙也寇亂方平而為將者爭功相殺害此與賊黨何異不將垂笑萬世乎公止矣吾義不肯為也友人江甯知府孫海岑昔為余言如此孫名雲錦桐城人克城時充行營文案故能備述其詳光緒十四年洪章以雲南鶴麗鎮總兵入 覲

迂道至金陵謁見曾公憑弔死事諸人立石瘞所曾公為之識曰同治三年閏六月十有六日龍膊子地道告成火發轟開城垣二十餘丈飄石雨下長勝煥字等營首先登城前隊奮勇死者四百餘名同瘞於此嗚呼慘矣亟誌之以表忠蓋云爾知其事者以為實錄云

禹門寺築寨始末記

嗚呼軍興以來團練禦賊者衆矣而以一鄉一寨支拄十餘年幾與全省兵事相終始如吾鄉禹門寺者蓋亦罕聞云咸豐四年八月桐梓姦民楊龍喜作亂破縣城出婁山關進窺遵義距雷台山圍郡城百二十日浸及於吾里里人就禹門寺設局治團練禦賊

於是始有築寨之議禹門寺者瀕臨樂安江一峯崛起周回里餘澄潭曲抱上有古寺頗壯觀號曰禹門　國初高僧丈雪徹智住錫之所西距郡城八十里北距綏陽五十里東距湄潭七十里吾黎氏舊居左障山也明年春賊解圍遁築寨議尋罷其秋楊龍喜平下游苗匪教匪相繼起教匪陷銅仁思南石阡思州苗匪陷丹江八寨古州清江台拱施秉都匀黄平清平等府廳州縣七年黄平平越流民糾合教匪内侵官軍禦之於重安江失利遂陷黄平舊司據甕安玉華山為巢穴同時思南人安某立靈覺團與鄰團不協鄰團以反狀告知府福全謀執之安氏陽為應募入城殺知府以叛别有劉依元即劉義順者本涪州教匪為州官所捕名逃至思

南刪家寨依油匠何工顏以居仍以燈花教惑衆共創大團名志和與安氏相比附其不入教者又聯餘慶施秉思南龍泉數縣人為團以時和年豐民康物阜公平正直普樂咸熙十六字為號别稱人和衆七八萬既而兩團交攻為安氏所並八年進圍龍泉陷印江石阡由黄精樹犯湄潭之偏刀水偏刀水巨集也提督蔣公玉龍軍此年餘戰敗遂為賊踞自是賊之在玉華山者目為黄號賊之在偏刀水者目為白號而安氏所有之賊目為老號玉華山賊以沈太和賀大六為守沈賀死何二强盜（即何得勝）殺人王王超凡及陳某傅某石某等統之各擁衆稱王為省門巨患偏刀水之賊劉祖祖何工顏楊和豐冉八閤王秦崽崽二等統之劉祖祖賊中

呼依元之稱也後二年新舟場人張保山本江西賈人子充團首不法為遵義縣令鄧公爾巽所斥乃往投白號詭稱明代後裔眾惑之尊立以為偽秦王總其眾號朱民悅或稱朱王鑄嗣統錢散行之使民賢其信時湄甕思石間羣盜如毛獨龍泉人李璠結團固守拒戰數年龍泉無恙遵義與湄潭毗連恃三渡關至山羊連山百餘里為之障自乙卯以還四五年間吾里雖未遭賊躪然其間楊龍喜餘孽如鄒辰保楊應陸之踞桐梓落水洞何元驥穆明玉之踞綏陽川主洞蠻王洞王龍之踞正安鼻孔山石筍官軍次第討除無不徵調鄉團防堵險要七年秋余兄庶蕃又募勇隨縣令江公炳琳剿賊甕安之上塘每有徵發禹門寺率為東路兵餉

會歸九年冬黃號賊渡牟崖關犯遵義江公拒戰兩路口失利死之擾及東鄉焚蝦子場庶蕃以鄉勇要擊於水白渡牟舞場賊旋退白號賊亦進踞孫家坡綏陽縣令秦公安慶破走之屯先鋒營以蔽湄潭十年十月又破之於山牟口斬賊首伍得勝是歲也廣西賊偽翼王石達開自泗城竄入興義貞豐破廣順走黔西大定窺四川而提督田興恕為　欽差大臣剿賊檄總兵沈宏富統虎威軍進攻玉華山相持年餘不克退還遵義初平越人吳元彪以策干蔣公玉龍蔣公謂其有反相不用又走遵義說當事當事者悅之命將二千人往屯高臺窯上元彪為人沈勇有急智數以計窘賊賊恨之甚合黨絕其餉道元彪乏食引還秦公解湄潭任先

鋒營亦散遵義防弛十一年冬黃號賊乘勢趨渡上關安白兩號賊趨三渡關五里坎大板角分道入寇從兄兆祺縣人張師敬各率鄉勇禦賊於高洞子三渡關皆潰於是張保山據七星坡楊和豐據驪龍壩龍大勝據閙牛坎冉八閻王據楊柳田安字老號據麻家壩連營百餘里綏陽縣令于公鍾岳兼攝遵義湄潭正安三州縣事親率所部駐禹門分遣把總吳元彪都司鄒開桂屯金盆山馬鞍山沈宏富亦遣都司左近光屯宋家壩吳元彪攻賊於皀角堰以除夕拔之執龍大勝于公方移屯而宋家壩不守他鄉勇之往營牛心山者亦不能軍僞秦王張保山逕由楊柳田上據禹門寺同治元年正月十日也于公還軍綠塘河余兄庶蕃亦募勇

出張飛隴約鄉開桂三面急攻賊遁仍復禹門寺吳元彪攻拔關牛坎驪龍垻疾襲張保山走之遂營七星坡正安人胡先紹先科率團練來援破賊於麻家垻遵義復無賊然自是險隘俱習賊時去時來不常其得失來則所在焚掠團練禦之亦退由是築寨之議興矣于公之任遵義也屢勸鄉人仿古堅壁清野法修築寨堡自衛示三出而衆莫應至是余兄庶蕃從兄兆祺及里人劉漢英首任斯舉相度形勢就禹門寺築寨鳩工積石閱五月而寨成為門者四濠牆樓堞皆具巋然一方重鎮矣同時興起者樂安里則有綠塘河白泡塘新舟場馬鞍山龍坑等以數十計而禹門為最大東隅里則有東皋東勝東平等以數十計而東皋為最大置守

粗備其秋閏八月石達開再由四川入遵義號稱十萬逼郡城城無見糧大恐于公檄調禹門團練助濟軍食兆祺以三百人運糧往與賊黨遇於米泥垻力戰一日夜卒護入城人心始定鄒開桂屯城外紅花岡賊張黃蓋登插旗山以瞰城城上發礮轟擊稍稍引却又爭開桂壘開桂出戰殺數人賊無意攻城數日釋圍西走所過鄉寨有施放鎗礮者輒摇手止之或僅索酒食復趨大定入雲南其餘股迫近禹門兆祺禦之雒水敗還再發精鋭要之賊已不宿而去二年正月東隅里人吳某誘高臺白號賊入寇與禹門團練戰於大水田賊敗走黃號復犯忠莊塘鄒開桂等挫衂遂徧擾縣西南境已而黃號聶定邦與白號爭高臺定邦破其十三營

據有白號之地黃號益强盛至五月而吳元彪又反先是元彪至
導義乞餉于公陽應之沈宏富惡其爲人以他事執下獄其黨藍
山虎等乘不備破獄出元彪遁回七星坡據營以叛知府張公日
崙欲和解之使人持五千金往犒元彪得金益張結盟與黃號賊
合心知禹門必爲患害首遣其黨李春山萬得勝一夜行八十里
襲禹門昏黑中賊巳登陴守陴者始覺團勇奮起殺賊賊退再至
再創之七月元彪改計攻綏陽亦不能下遂擾鄭家場大收其穀
誘脅羣寨左至雙洞門右至堆蕎堡或破或降或觀望新舟場向
與禹門犄角亦反爲元彪獨禹門傑然與抗其附禹門者西路綠
塘河一寨而巳元彪使人說黃號專力禹門黃號亦利禹門有積

蓄率衆來攻礮𡾟其賊目賊退遷怒他寨遂屠白泡塘三年春元彪與聶定邦有隙定邦攻破元彪雙洞門元彪亦襲踞定邦紅心寨定邦赴救復之攻元彪元彪黨李春山元彪詐爲黄號旗幟往助戰突襲定邦定邦敗走元彪誘白號賊平定營叛將劉名貴共擊雙洞門定邦不能救雙洞門復爲元彪有八月元彪再圍綏陽知縣邵公維新與邑人廖熙麟誓以死守其冬縣降人宋玉山糾合黄號於寶峯山寇掠東西南三鄉破數十百寨殺戮甚慘禹門益增守備築甬路屬之河以防汲道綏陽被圍久邵公四出乞援從兄兆祺以團勇赴救賊益廣招白號劉名貴石先鋒等分擾四境屯繖水黄魚橋以阨外援阻不能達城中糧盡斗米值銀八兩餓死

者相屬四年二月二十三日城陷邵公死之方是時禹門一寨北拒吳元彪東拒白號東南拒黃號環三面皆賊居民晝則疾耕採樵夜則分陴守禦危苦萬端兆祺等數以大義稱說激厲寨中人皆曰誓不與此賊俱生其守益固二月十九日黃號賊大股來攻寨中出三百人與戰奪其營帳數百賊退屯龍坑龍坑距禹門十里賊因其糧日日索戰寨勇輒出應之殺傷過當夏四月賊從車水降寨楊大二等計火龍坑營引其黨近萬人直屯於隔江之大山坪與禹門相望示無還志數日又渡江營於寨旁之騾子堰後岡樵採道絕庶蕃等飛書至郡乞援郡人王藻章以壯勇三百來赴事益急使練總鄢正家募敢死士得百人乘夜登後岡逼賊壘

而軍各持門扇箱籠之屬累土填石相距咫尺賊覺來爭刀矛接於肘腋間勇皆殊死鬬不退比明營成而賊氣大沮寨中多草舍賊自岡頭以火箭射入皆及濠而顛否則過越寨西未嘗一著草木又發大礮轟賊不知其先已入藥再食之礮炸而飛未傷一人論者謂有神助庶蕃等計議以為賊今致死於我我不一大舉與決雌雄寨終不可保也五月八日悉發精銳分兩道出攻賊奇兵別從尚水渡戒之曰革山以望我軍兵既交則疾出賊後斫其營縱火燔之雖死勿退賊戰正酣忽望見火光大驚反奔寨勇蹙之遂平江南各壘騾子堰賊亦潰退屯車水迎水棧寨首笱雲九泰與楊大二有雛閘禹門寺破賊聲威大震來約濟軍潛往襲車水

是月既望又拔之斬楊大二黃號賊悉遁回高臺凡八十八日而圍解寨勇傷亡者幾三百人綏陽之初陷也聞楚軍統領雲南布政使劉公嶽昭駐軍綦江幾半年號爲援黔以不知虛實不敢進禹門寨首合謀遣綏陽附生楊遇澤遵義人劉應奇等齎蠟書往通消息促進兵行至七寶寨五人者猝遇賊死余兄聞而復遣健往詭裝爲丐乃得達七月楚軍至綏陽合圍數月不下劉公問計於禹門寨兆祺庶蕃等獻言曰綏陽城小而固吳元彪亦悍賊也堅忍善守然其城在平地近黃魚橋河源兩界有山下流頗狹若從黃土坎一帶築壩束水灌之可不戰而克也劉公從之綏陽圍攻正急宋玉山復誘黃號自南鄉入襲破郡城北門爲城團擊退

劉八公分軍往援五年壩成其夏水大至淹城不没者二尺許元彪懼率劉名貴等降綏陽克復八月楚軍入遵義南鄉賊宋玉山等亦降遵義肅清禹門寺解嚴鄉人始下寨東南猶時時小警然賊到而希矣余以咸豐庚申去家至同治六年歸自河南曾文正公軍幕覽戰爭之遺蹟睹城堞之猶存慨然想見鄉人百戰艱難守死勿去之義郡城之不亡禹門一寨之力也而其事終始不獲上聞寨始有二千餘戸丁壯數千人及是而罹於兵罹於饑餓罹於疾疫枕藉如山死亡不可勝數而賢人君子若余世父雪樓府君從兄伯庸兆勳胞兄魯新庶壽及大儒鄭君子尹珍先後皆隕没於寨數百里内外残破創痍豺虎縱横蓬蒿滿目國中終日行不

見所識天運人事足以悽愴傷懷矣於是追述始末粗備掌故元彪後改名奇忠從劉公入雲南肅清大定以西每戰先登累功至督標中軍副將里人黎庶昌記光緒八年六月

夷牢亭圖記

士大夫之有園林者衆矣或處鄉或處城莫不欲極山水之趣然率舍自然之一境而以意匠巧為營度本無是山也累土疊石以為高曰某峯某岡某垞本無是水也捎溝引泉劑灰款而渟之曰某池某湖本無是庭堂也架木結構雕飾精嚴曰某亭某館某臺某榭胥假外物而為之名凡此皆以求適吾趣而已若夫君子因天地自然之用隨所遇以養神明其為適不亦更大矣哉余家樂

安江幽勝處直拙尊園之西隔江有邱隆起可十丈往時卉穢蒙
蔽無徑可尋未嘗有過而問者經亂盡顯木之栟者斥竹之翳者
剔石之稜者覿童然若伏龜之下飲於谿一日偕余弟夏軒步登
之以望吾園遠而望山堂水牛山諸勝近而禹門寺及石頭之塔
青山之柏桂岡垚灣之桂大嶺之楓松悉羅拱環列若與為揖讓
而拙尊園當其北吾弟别業在其南平疇衍迤與目際會炊煙縈
帶墟落如畀如畫斯亦天假之園以適吾適者余得之大喜乃謀
構草亭其上以攬之不十日落成邱故無名取牂柯之義繫之曰
柯邱亭曰夷牢夷牢者唐李吉甫元和郡縣志稱樂安江水名也
或曰夷平牢落也或曰夷語以樂為牢余皆弗深究第日與吾弟

巖居川觀坐此亭以盡四時之變時方春也梅梨桃李怒華麥秀陵陂生氣盎勃夏至時鳥變聲於衆緑陰中子嶲鶯燕旦暮互嘑欣然有會於耳蠶事畢人家插秧行水被蓑戴笠叱犢餉耕婦子嬉於隴畝秋稼既成當七八月之交而黄雲布野蚱蜢如繁星農夫腰鐮刈獲趁新月荷擔歸笑語樂豐歲及冬盡百物腓殘雲水寥落獨餘山松庭桂不改故容使可悦目而怡性一亭之觀化不窮若此余雖未知古仁知之樂山水何如而以此澄慮洗心似亦超然榮觀之外不爲世網所縛束今來日本二年矣念斯亭不忘又懼本懷之日汨也因屬吴縣顧君若波作圖而爲之記並詒吾弟共賞焉光緒十五年三月

金鼎山新建玉皇殿記

堯舜禹湯文武周公之道衰而老氏興老氏者其源出於黃帝與世和同以淡泊為體以柔退為用著書言道德大抵閔叔世之愚迷將一反諸清靜無為已耳厥後莊周慕其術而悅之累著十餘萬言頗仿依其辭然而姑射神人之喻鴻濛雲將之游率皆寓言無事實亦未嘗為神仙家言如後世怪迂之變也神仙之說蓋盛於七國時燕齊海上之方士阿諛苟合其言益洸洋無涯涘造為方丈蓬萊瀛洲之誕伯僑毋忌充尚羨門子高之不可即使世主想望瞑眩莫不欲得而甘心而列禦寇書遂有清都紫微天帝之居為道家之所自祖禦寇雖見稱於莊子而書特晚出去莊子時

甚遠剽獵莊晏楊墨以成文唐柳子厚雖辨之而不悟其書之偽也世乃反以莊子取列子不亦傎歟秦漢而降變本益厲刻木為像築宮為祀道家之言遂一成而不可止今天下各行省莫不有道教緇衣黄冠咸奉老氏為宗主而又别有所謂玉皇上帝者體制尤崇於老氏其徒奉之必被以冕旒衮笏一準王者上儀人亦習見而莫以為異吾邑郡城西四十里有山曰金鼎孤峯特起於衆山之上其高十里初夕之夜有星火數十百燦見於兹山左右若遠若近起滅不可究詰羣相與靈之春夏之際氓庶朝金鼎者環數縣不絶山舊有廟湫隘塵陋不足壯觀光緒中蜀僧大方性頗好奇來登此山遂闢地建玉皇殿於其頂以費絀久不就告余

為集貲贊成之而令移吾鄉禹門寺玉皇像供奉於此使道釋各得其所無相淩雜殿成楹棟堅緻丹碧煥然憑高四顧孤夐寥絕足以棲真而妥神矣夫道家之言其事荒渺不足致辨然取其清虛遺世之意以養人靈府使超然恆軼於塵壒之外儻亦君子之所不廢乎大方書來欲余志其顛末因為發凡如此而於工事則別有書光緒十五年十月邑人黎庶昌記

禹門寺置佛藏記

距吾居里許有寺曰禹門 國初時蜀僧丈雪暨吾宗策眉九十翁相繼居之飛樓湧殿踵事加闢遂為壇場勝境舊有北本佛經全藏同治以還兵興寺燬經卷散軼不完光緒七年余奉使日本

遇坊肆間有繙刻南藏本佛經全帙遂以千金購製寄儲使與寺藏經樓之名相稱十一年余奉諱旋里見寺多阤撓楹棟榱桷風繰雨瀐日益朽剝丹臒失華乃命工修飭改易而髹塗之四閱月告竣一木一石煥然增新矣余之為此非欲求佞於佛實以其地與吾居相近治此為游觀之所而又念名勝之不可任廢滅也故葆而存之意如是而已佛之為教其初起於祭天金人事甚微眇後乃浸滋浸長以戎夷之法而與孔孟爭衡自漢初撥嬴秦之亂典禮政教不能修復於古侵尋黃老王霸之間佛乃乘虛而增其焰由是因果禍福善惡報應其說中於人心膠牢而不可拔而浮屠寺塔之建蘭臺石室之藏天子且躬為之篤以簧鼓一世人民

是豈佛之罪哉然自唐宋大儒論闢後佛說之不足為天下患亦已大明而後世儒者乃欲援儒入釋課其虛靈不昧以主靜良知立為宗極使與吾儒心性微旨相亂不尤過矣哉君子之持身也不敢造次涉於虛無之境居常貇貇以忠信誠慤為本以戒欺求慊為功以存不忍人之心為用博約乎文禮之涂濳息乎仁義之府無歧其趨無墮其行明德而新民開物而成務由家之國推己及人其始無過致嚴異端之辨而其終遂達乎天人之故仁民愛物之原充類以極於盡性至命方日從事聖賢不暇又何有清淨寂滅窈冥誕幻之說熒視而惑聽哉方今天下乃有所謂耶蘇天主教者傳自泰西流衍於中國竊釋氏緒餘舉君臣父子夫婦昆

弟朋友下逮食息之倫一切以天爲主平等持視無輕重厚薄之分其説尤淺陋爲釋氏所不道知道者固不慮爲彼惑而愚民時有信從者亦無人焉爲之反經而揭慝也余故因置佛藏並發斯論使鄉人知所儆悟焉經凡六千七百七十一卷總二百八十一函别匱庋弆令僧顓司之其唐慧琳一切經音義百卷中土久逸頗存蒼雅故訓爲攷據之學者亦將有取乎此也里人黎庶昌記光緒十五年十月

介石園記

友人蔡君念皇家郡城東郭外傍山爲園廣纔半畝有亭有池倚池疊石爲小山冠一峯玲瓏而秀特因名園曰介石余嘗寓居其

中諸為之記明年余再使日本又二年念皇益拓而大之自小山後鑿垣穿竹徑而上為環堵樓樓之西屬以回闌迤邐下至山麓别開石屏為洞三署其額曰穿雲窟窟之外有大圃編竹為籬隔以柴扉顏其額曰中隱岡岡以內皆叢樹即山半構室廬曰翠微軒軒後峭壁三成怪石磊砢增茸草亭其上有古棠梨四映帶之據亭俯瞰城郭內外萬屋鱗櫛環以湘流曰一覽亭亭側壅短垣植藤花為屏障外樹蔬果將自食力以休老乎其中寓書來告屬踐前諾余雖未涉斯園而其位置頃畝高下曲折念皇昔為余言之遂若歷歷在目也念皇為余年丈苣谿先生之子事親孝母没不能歸葬之城東五里許躬負土成墳時時往省以致其孺慕之

思此瞻雲之所由名亭也家甚貧子息單弱妻又病瘻念皇處之怡然為人守狷寡欲不妄干求於人其行頗近知恥知恥故能介惟介故與石宜嗟夫人之生世久者不過數十寒暑奈何挾其萬物皆備之躬不踐吾形而俛首爭豢於利祿之場營營不以自止甚或隕身喪名為天下笑若此者蓋不可勝數也要其歸則亦草木澌盡腐滅已耳吾因是而思夫古之達士往往離世避俗雖有千乘萬鍾之在前斥而弗顧豈好為矯激哉世患不入於胸斯形役不勞於外其自待已厚矣而聖賢者處己則尤有道不以窮戚不為違欣遭遇合之隆則行其所志遘明時之蹇則卷懷退藏此所以無入而不自得也然其學必自知恥始吾願念皇之益持其

介而勿流於許行並耕則幾道已黎庶昌記

改建五福宮北樓記

重慶蜀東一大都會也其地當岷涪二江之滙水陸四衝舟輿之所絡繹商賈之所駢集絲麻布帛丹漆鹽鐵之利都積而委輸渝闤闠綰轂其口人民數十萬重屋累居市廛糾紛鱗比櫛葺鬱撓而不得舒凡四方冠蓋之所經士大夫之所游息淹歷歲時大率病其湫隘抑塞未嘗一得山川之奇以去者往往而然也城中五福宮為形勢最高處道士舊觀也宜可以攬巴渝全勝及登其堂舉為牆室所閉寓目無見益又甚焉光緒十八年余分巡是土友人廖君養泉觀察適自川北來游乃建議拓而新之土木之事一

惟君是賴於是就其北三楹改易規制別為亭斗出使可游騁抉壅障除陋汚却丹華崇雅飭不數月落成顏其亭曰樓外之樓名其廳曰漲秋山館檽檻四周爽塏踈潔憑高而視二江繞其前佛圖擁其後塗山龍門之旁湧環列者笏立而珮趨雲滃而波駛郁郁棼棼吐納萬狀譬若人負瑰偉之質沈鬱榛莽間久無過而問焉者一旦遇真賞拔識則盡態逞妍精神為之一振覺昔之孰視無睹今乃爭相傳誦矣廖君屬余記之余謂史稱登高能賦可以為大夫夫古之君子游必升山陵處必有臺榭其所以居高明而遠眺望者豈侈然民物之上南面坐大以自恣哉蓋內有以息一己憧擾之神即外有以靖萬類囂凌之氣非苟焉而已也今廖君

之為此殆將以古誼策余然則余與二三守吏當政繁志軼之後偶一登臨撫此城郭萬家之盛積思凝慮以求轍乎仲尼論庶富教之旨其於三代賢聖之治或將有一合也是為記遵義黎庶昌

敬志箴

皎然而麗天者爛為星日之光輝凝然而負地者挺為山岳之竦峙橫乎其無古者前有不朽之聖賢芒乎其無止者後有不窮之事世嗟余小子藐蟣蝨身混三才而立質懼草木之同塵蹈道不實首初迄今攘攘五十七年矣志慮百無一成況乎憂患之叢集利慾之薰攖將遂為小人之歸乎抑庶幾一日窺君子之庭神明

汝敬持爾志待瞑而休勿縶其氣甯爾之心除爾之害抱知命

以永終曾不顧乎其外

拙尊園叢稿卷二

拙尊園叢稿卷三

遵義黎庶昌蒓齋

内編

曾太傅毅勇侯別傳

公諱國藩字伯涵別號滌生湖南湘鄉人也初名子城後改其先自江西徙衡陽明季再徙湘鄉家世力農五六百歲閒無與科目顯者祖玉屏始鶩學父麟書老儒縣學生員至公乃大道光甲午鄉試舉人戊戌進士改翰林院庶吉士授檢討二十三年充四川鄉試正考官再遇大考累遷侍講學士內閣學士二十九年補授禮部右侍郎始公居京師從太常寺卿唐公鑑講受義理學疾門

户家言漢宋不相通曉亦宗尚考據治古文辭與蒙古倭仁公六安吳公廷棟師宗何公桂珍漢陽劉公傳瑩仁和邵公懿辰數輩友善更相礲砥務爲通儒之學由是精研百氏體用賅備名稱重於京師　宣宗崩　遺命毋庸　郊配　廟祔　文宗即位下廷臣議王大臣九卿既集咸謂　廟祔固不可易　郊配亦在所必行公獨以爲乾隆中繕治　郊壇考律呂之正義按九五之陽數一磚一石皆有定程增之不能改之不可今　七廟配位外已乏餘地論者徒欲於西三幄之南暫置一案計目前而忽久遠非所以嚴典祀　大行皇帝深維萬世慮或有援唐宋故事陳請罷祀者因以身制限俾世世遵行無更革之患此大孝大讓三代聖人

制禮之精微也愚謂毋庸　郊配　遺命不可以有違與羣臣意不合專摺建論之　上善其言曰該侍郎議是諸所奏殊少折衷公又以國家用人之道有轉移培養考察三端而經筵日講為人君求治基本皆宜加意切究復條奏數事施行咸納用焉是歲廣西兵事起賊酋洪秀全楊秀清等據桂平金田村咸豐元年益熾賽尚阿公以大學士督師出剿時　上求治急用人或不測　諭旨輒曰黜陟大權朕自任之又尚威儀羣臣失檢則得罪百僚恐懼莫敢正言公迺上疏極諫預陳三大流弊請防其漸　上覽奏大怒擲其摺於地立　召見軍機大臣欲罪之祁公寯藻叩頭稱主聖臣直者再季公芝昌公會試房師也亦為之請曰此臣門生

素有愚直惟　皇上幸而赦之良久乃解仍　優詔褒答大學士琦善公以番案得罪入刑部獄不肯承執薩迎阿查辦不實傾害之薩公時在新疆代任故事大臣查辦事件必隨帶司員一日會訊坐甫定刑部尚書恆春宣言傳薩公所帶司員備質公驚問此何意也恆公曰有　旨公曰既有　旨胡不早宣示恆公曰面奉諭旨公曰　諭旨逮問司員豈能以面奉為詞某亦刑部會審者未經面奉不敢附和司員微曹要亦會訊官也　諭旨未正其罪而先逮問今日在堂會訊者豈不自危自今以往大員有罪誰敢過問者必欲傳訊竢奏請奉　旨而後可四坐悚然遂已公既好直諫議事數與諸公貴人不和諸公貴人見之或引避至不與

同席公亦視之如無也為侍從臣十餘年歷兼工部兵部刑部吏部侍郎居位稱職雖以直諫忤指　上心益察其忠可屬社稷卒以此用咸豐二年充江西鄉試正考官丁母憂歸其年賊出永安圍桂林陷道州郴州攻長沙解圍至益陽折臨資口大掠民船浮洞庭而東岳州漢陽武昌俱失守三年正月沿江而下陷九江安慶破金陵據為偽都秀全自稱天王建偽號太平天國偽東王楊秀清用事分黨北犯河南直隸陷鎮江揚州踞之海内震駭時公已奉　旨督辦團練於長沙首以人才為急拔塔齊布於衆將中使領兵事倡勇敢巡撫張公亮基檄調湘鄉千人守城公曰團練僅衛鄉里法繇本團醵金養之不饟於官緩急終不可恃請改募

成軍乃可資以討賊湘勇之號自此起焉先是公嘗論東南各省形勢郡縣多阻水欲剿此賊非水師不可及新甯江公忠源禦賊於南昌郭公嵩燾獻言江湖一水遇風日可數百里賊舟瞬息得達官軍率由陸路追躡賊仗舟檝而我以營壘禦之此兩不相及之勢也長江數千里之險遂獨為賊所有請急治舟師以爭江湖之利江公大喜即日具疏請飭湖南北四川各造戰船廣東製備礮位交曾某管駕駛出長江肅清江面公亦奏請調瓊州紅單船放大洋由崇明入江廣州內江快蟹拖罟泝灘水過斗門浮湘而出收東西夾擊之效遂出至衡州剏辦水師會賊自江西西上再陷九江安慶黃州漢陽等郡武昌戒嚴廬州新立行省亦危急公

方以討賊自任　上遽累詔出兵策應公奏水師未能就緒難以應敵　上手詔切責之公具陳饟乏兵單成效不可必惟有愚誠不敢避死而已　上復報曰成敗利鈍固不可逆睹然汝之心可質天日非獨朕知若甘受畏葸之罪殊屬非是已而廬州陷時衡陽廩生彭公玉麟落拓鄉里公一見器之楊公載福始仕湘陰外委名微甚應調至俱佐理弟國葆營務國葆薦此二人國士才任一軍不當屈為幫辦乃檄使募水勇楊公頓首自陳不習水性不敢受命以負公公笑曰觀君才氣無施不宜勉為吾任之楊公彭公始治水師公徵將弁於兩粵數月戰船成者快蟹四十長龍五十舢板百五十度可應敵乃謀大舉四年春號召水陸萬人別為

二十營營五百人以塔齊布褚汝航楊載福等領之益募民船載運糧米萬二千石煤萬八千石鹽四萬斤礮五百尊鉛子火藥二十餘萬斤員弁工匠夫役皆具合者亦不下萬人𫝊檄遠近將而東征水師初出湖即為風所摧敗陸軍至岳州前隊遇賊潰退入城城守公率戰船拔出之不利引還長沙賊陷湘潭再邀擊之靖港又敗公發憤投水左右大驚援救得不溺後數日塔齊布公大破賊湘潭軍心始定公營長沙高峯寺重整軍實或請增兵公曰吾水陸萬人非不多而遇賊即潰岳州之敗水師拒賊者楊載福一營湘潭之戰陸軍塔齊布兩營水師楊載福兩營以此益知兵貴精不貴多故諸葛祁山之敗且謀減兵省食勤求已過古人亦

正切實體驗非虛言也且古人用兵先明功罪賞罰今時事艱難賢人君子大半潛伏吾以義聲倡導同履危亡諸公之初從我非以利動也故於法亦有難施所以兩次致敗其弊實由於此諸將皆服方兵之初起大學士某公昌言於朝曰曾某以在籍紳士非上素所令召而一呼萬人此其志不在小語浸淫上聞湘潭克復奏捷至京師大臣或指為妄上心知非是一日特旨召見編修袁芳瑛問所以破賊狀芳瑛具言臣得家書述曾國藩等戰事甚悉因舉顛末為上備陳之上大悅即日授芳瑛松江知府而公志以明芳瑛者上從搢紳簿中識其為湘潭人也自是大臣乃不復言公賊既退出湘潭渡湖而西陷常德其在漢黃

者陷德安安陸荆門入宜昌越太平口而與常德賊合武昌再失
公復引兵趨岳州連戰下城陵磯水師獨衄亡其將陳輝龍褚汝
航等尋而復振會師金口諸將胡 公林翼羅 公澤南塔齊布 公李
公續賓楊 公載福彭 公玉麟皆屬焉於是進兵圖湖北 公令羅公
攻花園塔 公攻洪山武昌漢陽賊聞兵大至宵遯遂復兩城順流
而東所過戰克大破之田家鎮斫斷半壁山橫江鐵鎖至於九江
水師寖驕賊營湖口梅家洲攻之不下舍去逐利入鄱陽湖未返
而賊夜柵斷湖口塞其後路不得出外江戰船大為賊所襲焚燒
數十百艘公走羅澤南軍以免退屯九江於是外江內湖水師分
矣賊由小池口渡江西上再陷武漢北擾荆襄南入義甯 公遣胡

公林翼等軍救援湖北塔齊布公軍九江而躬至南昌撫定水師之困內湖者檄彭公領之時湖口賊陷饒州廣信入徽州羅公往勦克復廣信義甯而塔齊布公卒軍無統公復至九江羅公駐軍義甯上書言東南大勢在武昌得武昌乃可控制江皖大局乃有轉旋之望因詣公指陳形勢請率所部援武昌取建瓴之勢此時湖口諸軍但當主守不宜數數進攻以頓兵損威乞戒諸公堅持必俟湖北克復大軍全注九江乃可議戰公從之幕府劉公蓉諫曰公所賴以轉戰者塔羅兩軍今塔將軍亡諸將可恃獨羅公又資之遠行脫有急誰堪使者公曰吾極知其然然計東南大局宜如是今俱困此無益此軍幸克武昌天下大勢猶可為吾雖困猶

榮也羅公遂行初公在衡州困急時湖北巡撫楊健孫楊江助捐軍餉銀二萬兩公嘉其意請入祀健鄉賢祠部議以為不應坐革職　上改降二級調用及城陵磯捷　賞三品頂戴克復武漢授二品頂戴署理湖北巡撫公以未終母喪辭讓不受尋加兵部侍郎銜軍至九江　賞黃馬褂五年九月補授兵部侍郎其冬偽翼王石達開由崇陽通城竄入江西連陷八府一州九江賊踞自如湖南北江西音問不通公在南昌從衆議復調羅公不知其已亡公弟國華國葆聞江西急於是用父命走湖北乞師巡撫胡公拯兄難將五千人行攻瑞州湖南巡撫駱公秉章亦資公弟國荃兵援吉安兄弟皆會行間公前所遣回援湖北諸軍久之再克武

漢直下九江李公續賓八千人軍城東楊公載福戰船四百號泊江兩岸江甯將軍都興阿公馬隊佐以鮑公超步隊駐小池口凡數萬人軍容整肅公自南昌迎勞望見之則大喜兵勢復振是時下游軍事棘江南大營失陷督師向公榮退守丹陽卒 朝廷以和春為 欽差大臣張國樑為總統復進攻金陵而賊内亂偽東王楊秀清偽北王韋昌輝俱死七年二月公丁父憂奔喪回籍請開缺守制得假三月治喪再疏陳情具言辦事艱難狀 上雅知公拘謹重違其意乃先開兵部侍郎缺令守禮廬候 旨胡公既定湖北馳至小池口合圍九江九月攻破湖口梅家洲鄱陽道通外江内湖水師絕四年而復合楊公乘勝轉鬬拔彭澤望江東流

直指安慶城下進克銅陵耀師而還繇是水師雄視東南復悉奪收漢黃以下江面與賊關銅陵而為界胡公以此軍本公建立楊彭皆其舊部請起公復統水師會九江克復石達開自江西竄入浙江浸及福建　上即家召公出辦浙江軍務公至江西未幾又詔援閩偽英王陳玉成世所稱四眼狗者譎鷙善戰再破踞廬州李公續賓赴援廬州至三河舉軍覆敗公弟國華殉難駱公秉章奏請舍江圖皖公亦奉　旨統籌全局者屢矣迺規取形勢九年正月上奏曰就數省軍務而論安徽最重江西次之福建又次之計惟大江兩岸各置重兵水陸三路鼓行東下剿皖南則可以分金陵之賊勢剿皖北則可以分廬州之賊勢北岸須添足馬步

三萬人都興阿李續宜鮑超等任之南岸須添足馬步二萬人臣率蕭啟江張運蘭任之中流水師萬餘人楊載福彭玉麟任之至江西軍務亦分兩路臣與撫臣耆齡任之臣任北路耆齡任南路福建之賊閩省兵力足以自了粵賊勾結捻匪近來嘗以馬隊衝鋒擬調察哈爾戰馬三千匹募勇數千擇平曠之地馳騁操習臣願竭數月之力訓練成熟以備攻剿惟 聖鑒裁示 上深然其策後數月石達開竄入湖南西攻永州圍寶慶 上慮四川且有變令公以軍防蜀行至巴河聞賊已引去竄入廣西而上游兵事解胡公乃建議圖皖與公合謀攻安慶使弟國荃督諸軍在前圍之多隆阿公軍桐城李公續宜軍青草塥公次宿松經營江北而

皖南賊陷廣德州遽入浙江襲破杭州回竄建平東壩溧陽僞忠王李秀成大會羣賊建平分道解救金陵江南大營復陷官軍悉潰常州蘇州相繼失咸豐庚申閏三月也左公宗棠聞而歎曰天意其有轉機乎或問其故曰江南大營將蹇兵罷萬不足資以討賊得此一洗蕩而後來者可以措手又問誰可當之胡公林翼曰朝廷能以江南事付曾公天下不足平也於是 天子愼選帥以公功效懋著就加兵部尚書銜署理兩江總督促救蘇常左公宗棠方嚮用有 旨下公問狀即令襄辦軍務 賞給四品京堂未幾公補實授 欽差大臣或言當撤安慶圍先所急公曰安慶一軍關係淮南全局即為克復金陵張本不可以動搖也遂南渡江

趨祁門公為人虬髯虎頷沈毅多度秉鉞專征天下想聞風采江浙賊氛雲擾官紳告急軍書日數十至援蘇援滬援浙援皖援鎮江　詔詔相銜公至祁門未十日賊陷甯國又數日陷徽州中國方困兵革而大西洋英吉利寇天津科爾沁忠親王僧格林沁與戰敗績京師戒嚴　文宗巡狩熱河恭親王留守勝保奏請飛召外援公發書涕泣請提兵北上會和議成止勿行其冬大為賊所圍一出祁門東陷婺源一出祁門西陷景德鎮一入羊棧嶺攻其北環城數重吏士皆有憂色固請移營江干與水師相杖公曰無故退軍兵家上忌此不可也卒不從使人間行檄鮑超張運蘭亟引兵會身在軍中意氣自如猶時時以詩古文是娛其堅定不搖

率此類也左公至江西後數破賊樂平浮梁間公薦宗棠可大用請改幫辦軍務十一年八月公弟國荃克復安慶捷未聞而　文宗崩　穆宗毅皇帝立帝年少　兩宮皇太后垂簾聽政以公先帝重臣委任益至數　詔酌保封疆將帥人才頃之節制江蘇安徽江西浙江四省軍務　朝廷每有軍國大議諮而後行苗沛霖反　詔公分兵討壽州東南兵事一皆專決杭州再陷公舉左公宗棠辦浙事始公之起兵開幕府延客號得士合肥李公鴻章以年家子入幕察其英毅非常器公嘗欲於淮徐間别練一軍而難其人及得李公奇其才欲任之未有因也江蘇官紳退保上海數月望援不至使使至安慶乞師公即遣李公至淮上召募得八千

人名曰淮勇赴援之時上海已設會防局議借西洋兵剿賊公言上海本通商碼頭借以保守人財則可若令攻剿蘇州金陵代復中國疆土則不可乃止同治建元公協辦大學士當是時公鎮守安慶居中調度誅討懷集地方數千里部兵十餘萬人公弟國荃益募勇圖金陵徇地至蕪湖水陸皆會薄雨花臺而進軍賊堅守攻之不下乃增兵圍之相持踰二歲公嘗足食足兵以相餉救其秋圍師病疫公憂甚奏言臣德薄不足以挽厄運請 簡親信大臣馳赴江南分任重責 上諭勞之曰朝廷信用楚軍以曾國藩忠勇發於至誠推心置腹倚以挽救東南全局自諸軍進逼金陵逆匪老巢已成阱檻疊經諭令毋徒求效旦夕惟當立足不敗以

俟可乘之機矧疫沴繁興各軍病困之餘詎忍重加督責其各傳旨存問當此艱難時會益以疾疫流行深虞隳士氣而長寇氛此無可如何之事非該大臣一人之咎意者朝廷政事多所闕失是以上干天和我君臣當痛自刻責實力實心勉圖禳救為民請命以冀天心轉移事機就順至天災流行必無偏及各營將士既當其厄賊中亦豈能獨無傳染該大臣鬱憤之餘未遑採詢刻下在京固無可簡派之員環顧中外才力氣量如曾國藩者一時亦實難其選該大臣素嘗學問時事艱難尤當任以毅力矢以小心仍不容一息稍懈也洪秀全被圍久召李秀成蘇州李世賢浙江悉眾來援號六十萬圍公弟國荃雨花臺拒戰四十六日乃解去弟

貞幹卒勞於軍即國蓀也明年五月水師克九洑洲長江肅清金
陵城圍合賊糧垂盡洪秀全度不支服毒死李秀成擁立其子福
瑱仍堅守時浙江畧定江蘇亦平李公鴻章兵多無所用武有
旨飭令會師未赴國荃亟治地道鍾山下克之三年六月十六日
也李秀成生得洪福瑱逸出至江西後擒　天子褒賞功臣加公
太子太保封為一等毅勇侯世襲罔替賞戴雙眼花翎國荃一等
威毅伯金陵既克洋將戈登雅妥瑪等來賀公威震中外乃議罷
兵裁湘勇進淮勇而剿捻事起始淮勇新集公語其友郭嵩燾曰
君亦知吾擢用李公者何曰不知也公曰目前大勢東南軍務可
了淮北捻匪尚無了期湘軍利山徑險阻馳騁平原非其所長用

兵十年氣亦稍衰矣繼湘軍以馳騁中原不能不資淮勇管帶淮勇不能不資李公吾之用李公欲以為湘軍之繼非第為江蘇計也金陵平後賊悉竄至皖南江西楊公岳斌受　命督剿江西肅清餘賊入廣東福建又二年乃平捻匪者起於潁亳光固間剽畧以為生事不攻城得亦輒棄去不守其戰善用馬隊衝鋒自陳玉成苗沛霖嘗糾與官軍戰益習攻鬬利器械玉成沛霖死僧王移師討之追剿數年馳驅山東河南安徽湖北數止戰失利賊奪官馬益盛聚散出沒不恆其處所酋曰張總愚任柱牛洪賴文光聚則數萬人馬萬餘匹日馳百數十里以為常大河以南方一二千里蕭然咸被其患同治四年公聞僧王輕騎追賊步兵遲者後數

日乃到歎曰王軍罷矣不已必及敗將密陳於　上止之弗及而
王果兵敗戰沒曹州城下　上聞而大驚念此軍非公莫統迺
召公即引兵赴山東剿賊其直東豫三省旗綠各營地方文武節
制如故特使公權重與王侔者而李公代為總督　廷旨督師急
日中數至公言僧王新敗之後士馬傷殘未易收集湘勇能戰者
僅存劉松山一軍淮勇銳氣雖新然衆少不敷剿辦當益募新兵
以楚師規模開齊兗風氣賊馬飆疾鋒銳不易當勢須出口採買
戰馬添練馬隊黃河天險恃以扼賊北渡若興辦水師又非數月
不辦是數者皆難迅速度今剿辦此賊不特西不能至湖北即山
東祇能辦兗沂曹濟河南祇能辦歸陳江蘇徐淮海安徽廬鳳潁

泗此十四府州縱橫千里古來四戰之場捻匪往來最熟若以此委督辦之臣而其餘責成督撫各練有定之兵制無定之寇軍務庶有歸宿因定以臨淮徐州濟甯周家口為四鎮扼要駐軍餉械委輸皆由水道往進兵屯臨淮居無何賊竄河南　上令公移駐許州節制湖北軍務兼顧山西至徐州復令李公鴻章帶兵入洛陽以漕督吳公棠為之代　旨未決事且下三人商定　廷寄到軍中幕府請間問公意云何公曰督撫進退繫國安危當由　天子自任臣下豈可與謀吾當不商而奏幕府曰今　主上委心疆吏視公等猶股肱故不疑而有是命不商無乃非　上意公曰若亦睹漢唐末流之弊乎自古權柄外移孰非由漸而致方今天下

未請封疆大臣率任軍寄人有飛揚跋扈之心倖端一開爭覬要地恐州牧藩鎮之事將復起於今日非所以慮社稷也　明聖可為忠言不商何害乃上奏曰歷觀前史明訓軍事之進退緩急戰守屯駐統帥主之朝廷之上不宜遥制廟堂之黜陟將帥賞罰百僚天子與左右大臣主之閫外之臣不宜干預從古統兵重臣遥執國命未有能善其後者同治元年　皇上命臣酌保封疆將帥比即奏明疆臣既有征伐之權不當更分黜陟之柄宜防外重内輕之漸兼杜植私樹黨之端仰蒙　聖諭嘉許今以要缺督撫令臣等往返函商如臣愚見密保尚且不可會商更覺非宜因不俟吳棠李鴻章商定直攄管見未審有當萬一否　太后臨朝稱善

明年春駐軍濟甯察閱運河至張秋遂登岱宗而還鎮兵之初設也公與諸將約賊至迎頭而縱兵及剿辦年餘賊橫如故諸將士皆曰不苦戰而苦奔走公迺起張秋抵清江築長牆憑運河禦之未成而賊竄襄鄧閒公移而西更修沙河賈魯河開濠置守分地甫定賊復突而東時議咎公迂闊公在軍久益慎用兵書遺李公曰目下各軍剿捻視之無關得失若非僕與閣下提振精神認真督率則賊匪之氣日進日長官兵之氣日退日消若淮勇不能平此賊天下更有何軍可制此賊大局豈復堪問吾二人須視剿捻如曾李家事儻再無起色當奏請閣下北征蓋鄙人不能上馬督戰閣下能匹馬當先不過倡率一二次而士氣振興百倍矣曾公

弟國荃爲湖北巡撫遂請　旨飭李鴻章出省駐徐州與山東會
辦東路國荃駐襄陽與河南會辦西路自居周家口策應期以三
方並力而是時言路迺數劾公辦賊不善乞加譴責　天子明其
不然爲寢其奏弗聽公亦憂愧不自安疏陳無功請開缺以散員
留兵間効力援古義自貶注銷侯爵不許俄授李公　欽差大臣
剿賊飭公回任辭不任艱鉅亦不許是冬牛洪死張總愚竄入陝
西任柱賴文光入湖北中原少息賊亦不復合並繇是捻有東西
之號矣六年六月公補授大學士任柱賴文光再入河南竄山東
渡運河而東擾登萊青李公鴻章劉公長佑建議集四省兵力會
堵運河英翰公請合兵守膠萊河圈賊於海隅皆主公防河初議

賊復引而西越濰河南入海州官軍陳斬任柱再擊破之壽光瀰河賴文光走死揚州東捻平公加一雲騎尉世職張總愚入陝後數月乘冰堅渡河竄山西入直隸擾犯保定天津河間京師戒嚴丁公寶楨帥先入援克饒陽駐固安左公宗棠駐天津李公鴻章駐大名英翰公李公鶴年各引兵防河南北岸軍萃畿輔者七八萬人莫適先縱擊賊徘徊而入山東東昌武定李公移師德州督劉迺復事防河卒破平之茌平南鎮張總愚赴水死如公策閏四月加授武英殿大學士秋調補直隸總督公朝京師 召見養心殿東室公免冠頓首謝 恩 太后見公容止非常備禮加敬是時 太后垂念邊防以將材為意顧問名將若何公舉多隆阿塔

齊布羅澤南鮑超楊岳斌劉松山劉銘傳等謀畧以對　太后虛已聽焉劉公松山始將老湘營公知其軍票姚整肅足倚平寇至臨淮擴而大之後遂掃秦隴定新疆兵鋒常為天下冠故言中興名將旗人首多隆阿漢人首劉松山鮑超亦一代驍將也會歲暮公留朝正既至直隸練軍釐獄舉劾分明期年風俗大革先是天津訛言有迷拐幼孩挖眼剖心者莫知所自始眾意指目西洋教堂無據知府張光藻捕獲姦民張拴郭拐訊供實畧責予嚴辦已民團旋得武蘭珍詞引法國教堂王三有授迷藥事民教因是鬨鬭三口通商大臣崇厚與領事豐大業約集署會訊於時百姓讙譁不止豐大業無所發怒即舉洋鎗擬崇厚崇厚亟起避免豐大

業亦起徑出值天津知縣劉傑於途又不為讓道益怒復以洋鎗
擬之中傷家丁津民憤環毆豐大業立斃集衆毁教堂誤連英俄
美三國西洋教民死者數十人天津大擾亂崇厚具以事聞公病
方請假養　上令馳往查辦公至天津津之教堂幼孩數百人召
問其父兄皆言無恙而投訴狀者率空語無左證王三捕得亦狡
展津民恨洋人深夙仰公威名冀且助我擊逐之及出示嚴禁滋
事大失望怨公時民教匈匈未已公慮四國合從敗約變不測即
戰倉卒度不能禦之京師震驚思且為之辨誣以解散其謀請
明詔通飭各省知教堂無挖眼剖心事奏既上朝士咎公左袒外
國謗議沸於京師法公使羅淑亞坐府縣主使欲以議抵持之堅

案久不決羅淑亞要挾萬方動引兵船為詞持公不下怒去至總理衙門爭公請交張光藻劉傑刑部治罪光藻傑先予假之順德密雲　朝廷滋不悅詰公處分失當乃召李公鴻章於潼關引兵馳赴天津會辦會兩江缺出仍以公調補而李公為直隸總督刑部定擬光藻傑罪發往軍臺効力　上從重改發黑龍江凶犯次第緝得皆斬決依律償再踰月案乃結繇是公聲名重損公辭兩江　詔曰兩江該大臣舊治其勿辭第坐鎮其間諸事自可就理既復任充南洋通商大臣公之督兩江尚儒喜引經決事及治民頗采黃老術清靜類古蕭曹居官有常度多謀能斷應事若流水然幕府左右竊識之從容而已然未嘗一息佚素廉俸祿入悉以

養士軍所經用毋慮數千鉅萬家無改觀者用人持重其汎愛樂
士天性也諸將羣吏率子弟遇畜之得庶類之和尤知而善任使
所成就薦拔人才不可勝數而李公左公相繼極用遂匡國家以
故出入將相訖二十年為盟主海内饜服蘇常之初失水師方爭
長江未遑及也公謂蘇常澤國非戰船莫達而揚州裏下河數為
賊所瞰注乃議增設淮揚水師太湖水師皆興辦如言賊既平水
師功高不可撤而船礮委棄足惜復議改置事遂設長江經制水
師始終〻公所建也初通商議成公陰有爭雄海上之志設内軍械
所安慶仿造火輪船踰年成小輪一號試之江可用迺使同知容
閎往西洋美利堅採辦機器洋鐵時李公鴻章亦自購得機器設

局上海用西法製造鎗礮規模遂開中國機器之興歲益增盛自此始後公益奏請選派聰穎子弟前赴泰西各國肄習技藝期十五年而還仍以容閎往其遠略如此自餘他所規畫天下事甚衆無不效者或以為聖公曰非也曹公有言吏事多耳年六十二同治十一年二月四日薨於位江南士民巷哭江甯將軍以聞 穆宗皇帝震悼追贈太傅賞銀三千兩治喪賜祭一壇謚曰文正入祀京師昭忠賢良祠各省建立專祠何公璟李公瀚章英翰公先後臚陳勳績宣付史館何公承公後 上以守成為戒是後更歷數公一皆無所改作云子紀澤以員外郎襲爵紀鴻孫廣鈞 賞給舉人廣鎔廣銓主事初殯金盆嶺薨三年而其配歐陽侯夫人

卒合葬善化平塘公所定陸軍營制營規水師章程馬勇章程鹽務章程直隸清訟事宜練軍章程等皆經國之大者世所施行文章奏議尤美別有集他書藏於家方公在時門生故吏慕仰之甚者卒圖形去藏之公薨後兩江重難其繼　天子盱衡數權試焉光緒中吏民思公功德不已門下士黎庶昌廼追美股肱之誼即公圖像而頌之曰毅勇堂堂虯髯飄揚屬任大重惟哲　顯皇帝之基羌孽盜披猖六師討伐經營極方公拯大難起搤賊吭六朝舊都逆豎居諸曰荆吳大國孰予敢踣楚師既東包漢與江濯征十載遂臨海邦擒王掃穴兵威有赫若火日之烈烈亂賊息滅天實命我祚我聖相皇奮其威高視霸王有宣興周著列方虎炎漢

再紹葛亮繼武亦有汾陽再纘唐緒公隆厥聲伯仲伊吕初饒州知府張澧翰善相人相公龍而癩謂其端坐注視張爪刮鬚彖癩龍也公終身患癬目三角云

論曰粵賊之發難也起桂平據金田其事至微及禍本既成流毒徧於海内而外患乘之沸鼎滔天區夏糜爛此曠古所未聞也當是時公以紳士在籍讀禮家居不操尺寸雖不與聞軍國可也迺獨以討賊自任由今觀之有若天所命焉豈所謂篤生者乎夫舉兵犯難折而不撓是其勇也撥亂反正弔元元之命是其仁也開誠心布公道囊括天下之才而各任其器能是其明也收成功於李公鴻章是其智也天津之役揆量彼己辱身以安君父是其忠

也嗚呼可謂臣道之粹精希世之人傑已

拙尊園叢稿卷三

拙尊園叢稿卷四

遵義黎庶昌蒓齋

外編

讀論語

柳子厚論語辨上篤堯舜之不遭而禪不及已下之無湯之勢而已不得爲天吏所以推尊孔子當矣獨謂堯曰咨爾舜以下六十三言爲孔子常常諷道之詞則不然論語紀事之書也孔子弟子雜記當時言行以垂後世於古無是體也游夏曾閔之徒習見孔子删詩書有序贊易象有文言繫辭爲敘跋所自出尊其所聞各稟師說撰而成編亦於其末序之云耳其意以爲孔子之不得位

天也然生民以來莫盛於孔子令得在君人者之位尊五美屏四惡必用虞夏商周之政甚明故歷溯堯舜禹湯文武授受之詞以著仲尼躬纘二帝三王統緒而又終之曰知言與人即孟子末篇義旨知人論世尚友而已子厚求其端不得乃為之說曰弟子或知之或疑之不能明又截去武王書詞使義不完備夫孔子讀易至於韋編三絕鐵撾三折終身以求寡過其慎可知也若以匹夫不踐天子位時時取二帝三王禪巽討伐之辭諷於口識於心有若闇干天命者然非聖人所宜用蓋論語之學曾子以授子思子思之門人以授孟子孟子晚而獨得其宗故直繫之曰由堯舜至於湯五百有餘歲若禹皋陶則見而知之若湯則聞而知之由湯

至於文王五百有餘歲若伊尹萊朱則見而知之若文王則聞而知之由文王至於孔子五百有餘歲若太公望散宜生則見而知之若孔子則聞而知之猶夫七十子之志也其為序一也孟子之說毅而顯論語之旨謙而隱曰何以如是曰時不同

或曰子申集注楊氏之說善矣然漢世所傳論語三家篇第各不同子以堯曰三章統為後序不綦誤乎曰今世行者為魯論語與孔子壁中古文章句頗省同惟分子張問以下為從政故有二十一篇而魯論不知命章闕賴古論補之孔門所傳七十子以來之舊第蓋如此獨齊論增多問王知道二篇為安昌侯張禹删去余謂其篇必後人傳託所為與孔子弟子語不類不然禹雖妄不至

是馬端臨固嘗疑之矣孔子曰三人占則從二人之言吾從孔壁

讀易程傳

世言王弼注易掃象不言而象亡於晉象非亡也不善言理者之亡耳易聖人憂世之書也以卜筮爲用宜其簡明易直不當怪迂徼繞闊遠情事使人難明六十四卦之殽列三百八十四爻之參伍錯綜象一寓乎其中而與人事相推移然孔子所以傳繫之辭其恆言者止於陰陽奇偶剛柔動靜進退存亡吉凶悔吝而已未嘗如漢以來人之說之穿鑿也易道至博而天人既備仁者見以爲仁智者見以爲智象不可勝窮也舍理以言象未有不入於小數曲學支離詭異者京房孟喜虞翻焦延壽之儔攷其傳雖若甚

遠要皆無當於易人心之厭久矣故弼注行而眾家皆廢晚得伊川書因弼注而研致益精乃始與聖人者性命之旨合雖以蒙之不肖讀之亦覺犁然曲饜人心故程傳行而弼注又廢道之興壞雖各有時然而伊川深造自得矣

讀王弼老子注

王弼注老子甚精妙得虛無之旨河上公不可以同日語及觀弼所為注易高下懸絕與老子不類判若兩人言也世稱弼注易其旨多假諸老子予謂不然有老子而後知弼得易之淺也老子者元同以為體因循以為用無成勢無常形不可與聖人吉凶悔吝憂患之旨合而弼頗能言之弼深於老子而已於易強為解事者

也强為之則得失之迹自在讀其書時若有會反而求諸性命之理無有甚矣學深淺不可假也朱子曰王弼周易巧而不明其知弼者與

讀儀禮

儀禮苦難讀本朝人為之簡明章句者張爾岐吳廷華二家最善予喜讀焉漢之興經書多出屋壁而儀禮十七篇獨完世儒頗推周公所為斯固不必然而要為輔政致太平之書無疑蓋周禮者會典而儀禮乃通禮也讀其書醇懿典則制度完備與謨誥同風使人即欲進退揖讓鼓舞而不自知百世下猶若此況生於其際者耶孔子曰郁郁乎文哉吾從周豈不信哉予是以歎昌黎韓子

之不善讀儀禮也僅掇其奇辭奥句而已又曰攷於今誠無所用之獨不知後世冠昏之緣飾喪服之因革何嘗不出儀禮所闕失者王朝邦國禮耳予意古經出魯淹中文相似多三十九篇者即是劉歆欲以建立學官而惜乎其不得也不然歆號博極羣書若其文差與左氏春秋毛詩古文尚書不類又何必為之發憤增歎也哉

讀墨子

墨子十五卷七十一篇今存者六十三篇此六十三篇中往往有子墨子大氐墨氏弟子所為也翟所自著書祗親士修身經上經下並說六篇而已經上下篇文頗怪疑有錯簡世或以為似爾雅

釋詁而莫解其意以余觀之特堅白異同之辯非墨氏要指也据此則翟與公孫龍同時甚明班孟堅稱墨子貴儉兼愛上賢明鬼非命上同是其所長今取魯問篇語證之凡入國必擇務而從事焉國家昏亂則語之尚賢尚同國家貧則語之節用節葬國家喜音湛湎則語之非樂非命國家淫僻無禮則語之尊天事鬼國家務奪侵淩則語之兼愛墨氏亦何嘗不權時達變與仲尼救世意同而卒至充塞仁義無父無君為孟子所距闢蓋別墨者流若相里勤五侯苦獲已齒鄧陵子之徒猖言猘行有以召之耳豈墨之本旨如是墨道夏道也今泰西各國耶蘇天主教盛行尊天明鬼兼愛尚同其術碻然本諸墨子而立國且數千百年不敗以此見

天地之道之大非執儒之一途所能盡昌黎韓愈謂孔墨相為用孔必用墨墨必用孔亦豈虛語哉

禹貢三江九江辨

自漢以來談禹貢三江九江之辨其說紛然淆亂至於莫可究詰予謂非山川形勢之難明穿鑿者之為害也禹貢聖經也尚書敘事之文無若此謹嚴者其篇中本無南江名世儒泥於有中有北必求南江以實之不得已而索諸經外由是聚訟之說斷斷而莫之止三江分為五九江分為三為鄭康成氏之學者曰左合漢為北江右合彭蠡為南江岷江居其中為中江蘇子瞻書傳主之曾旼易祓夏僎程大昌黃度馬中錫胡渭等從而證明之為庾杲之

之學者曰吳都賦注以松江婁江東江爲三江蔡沈氏書傳主之
爲班固氏之學者曰漢志會稽吳縣下注云南江在南東入海毗
陵縣下云北江在北東入海丹陽蕪湖縣下云中江出西南東至
陽羡入海皆揚州川也孔穎達氏正義主之爲韋昭氏之學者曰
三江松江錢唐浦陽江也顧炎武主之爲郭璞氏之學者曰岷江
松江浙江也歸有光主之此皆三江異名也九江之說主彭蠡者
太康地記曰九江劉歆以爲湖漢九水入彭蠡澤也酈道元云贛
水總納十川胡朏明引漢志以彭水爲豫章水源不當别出而曰
湖漢豫章與鄱餘修盱蜀南廬爲九水也此以彭蠡爲九江也主
尋陽者陸德明經典釋文引尋陽地記云九江一曰烏白江二曰

蜂江三曰烏江四曰嘉靡江五曰畎江六曰源江七曰廩江八曰提江九曰箘江張須元緣江圖云一曰三里江二曰五州江三曰嘉靡江四曰烏土江五曰白蚌江六曰烏江七曰箘江八曰沙提江九曰原江參差隨水長短或百里或五十里始於鄂陵終於江口會於桑落洲正義以為名起近代此以尋陽為九江也主洞庭者始於宋初胡旦而晁以道曾彥和朱子從之曾氏曰九江一曰沅二曰漸三曰無四曰辰五曰溆六曰酉七曰湘八曰資九曰澧朱子攷定九江去無澧二水易以瀟蒸以導江先合澧而後過九江故不數澧無水可疑亦置之然瀟訓為清水經無是水而金吉甫亦疑武陵零陵長沙間如蒸水者頗多此以洞庭為九江也其

說之繁難至於如此吾今一準地望反覆尋諸經文而別立一解以求當乎先聖之書法經於荊州書江漢九江雲夢為三明其不可合而一也荊州一境當今湖南北兩省地東境盡黄梅縣與古尋陽接然導江之文明曰東至於澧澧即今澧水也康成以為澧陵山名在洞庭上游又書過九江至於東陵東陵即今巴陵在洞庭下游頗疑即城陵磯蓋大江東南流至城陵磯而極經特舉其廹近者言之猶漢之於大別不可以去江數百里之廬江郡東陵鄉當之亦不得以其山小及名不見於古為疑也江自城陵磯折而東北流可五百里許至漢陽正與經東迤北之文合應讀為句絕再東南流約六百里然後匯於彭蠡若移在漢陽以東則與迤

北之文顯然謬刺又於導山條書曰岷山之陽至於衡山過九江至於敷淺原衡山正在洞庭南連延以至九江之德化崛起鄱陽湖西而為廬山敷淺原即其麓所謂博陽山也然則據導江之文則過在洞庭西北據導山之文則過在洞庭東南其地適處荊州之中故曰九江孔殷偽孔傳訓以為甚得地勢之中此也稱九江者言其流稱雲夢者言其瀦亦猶岷江之流專言之則曰江分言之則曰北江中江也吾是以斷然信朱子之説為合於經也況有山海經澧沅瀟湘在九江之間一語可證乎山海經周秦間書他紀或妄此語則不妄也江雖有九從雲夢會流而出下流實祇一江故統名之曰九江耳惟九江異名上世無書可證則從曾氏敢

之說以沅漸潕辰溆酉湘資澧當之而取說文入江之油以易漸雖不中不遠矣瀟湘係二字水名如滄浪之比余意以湘中記所云是納瀟湘之名者為是不當删去瀟字而資亦應作澬以禹貢水名其旁多從水也九江既定即三江可得而言三江者中江北江九江也經書岷江曰中猶質言正流耳非必左右有一江夾之之謂泥古者誤讀既字屬震澤句執北求南强經就水無一能合若果有南江聖經何故不言而獨留此祕密以待後人之推測乎岷江以南大率山地無北方移徙之患不應有此配江之巨水忽歸消滅至漢時即無蹤迹可尋此不待智者而知也導漢章云東為北江明著漢之為瀆非九江可得而比已於荊州遂言之矣曰

江漢朝宗於海其書東匯澤爲彭蠡匯取迴旋之義實統江漢以爲言明著迫遏均敵非一水之力而於導江則書會於漢則不書又明漢在中江之北不得以會名也經之苦心分明如是朱子猶以彭蠡以下有江無漢又不見南江之名疑漢不當言北遂啟蔡氏有遺官屬往視未敢深入以此致誤之論此不信經之過也然則揚州一域西境之水以彭蠡既瀦一語當之東南之水以震澤底定一語當之實已包括無遺中江北江九江合流順軌而經於北境故曰三江既入與書江漢朝宗一也別無所謂南江有之即九江也九江之水合衆派以成流至下游而彭蠡之水復合不可以瀆名不可名即不能別出南江而使與北江相配經之書北江

非茍而已也為望秩計也吾意以為聖人之精意蓋若此近儒李氏紱秦氏蕙田知三江之為中江北江九江當矣而譏蔡傳以洞庭為九江之非是其一失張氏敘知九江之即洞庭矣而又疑洞庭本雲夢澤不可以江名別指湘江為九江夫如是又何以解於贛水之稱南江乎彭蠡之有贛猶洞庭之有湘也彭蠡之有湖漢九水猶洞庭之有沅湘九水也其名同其大小同會於澤又同今舍荊揚二州畺域不求而獨求所謂南江幾何其不瞀亂迷失也吾故準以地望證諸經文先分荊揚二州畺域荊州之畺域定確知洞庭即為九江而後南江之說不攻自廢南江之說廢而後三江明三江明而後諸家之論息諸家之論息而後禹貢荊揚二州

及導江導漢之文皆瞭如指掌無復留疑矣

李白至夜郎考

李白之竄夜郎後人皆據流夜郎半道承恩放還兼欣克復之美書懷示息秀才詩題以為白實未至貶所武威張介侯澍續黔書趙遵律謫仙樓記辨之甚力然均不免有所牴牾今試取白集覆攷之其詩文雖編次無倫而細細尋究蹤跡亦自明白據唐書本紀肅宗至德二載二月戊戌庶人璘伏誅計白論罪當在此年春夏之際因郭子儀解官以贖始免死長流夜郎又因宣慰大使崔渙御史中丞宋若思推覆清雪始得出獄宋又辟參幕府上表薦授一官不報然後不得不行前赴貶所是年九月廣平王復京師

十月復東京而白有為宋中丞請都金陵表是在未聞收復以前事白時尚在尋陽家室旋亦來會故於烏江留別宗十六璟有拙妻莫邪劍及此二龍隨千里遠從之之語此烏江即潯陽記所云去州五里之九江名曰烏江者也其贈辛判官贈劉都使留別龔處士贈别鄭判官諸詩皆在此前後作是年十二月戊午大赦賜民酺五日有流夜郎聞酺不與之作明年乾元元年正月戊寅上皇天帝御宣政殿授皇帝傳國受命寶符册二月丁未大赦改元四月乙卯大赦十月甲辰立皇太子大赦皆未免罪故有放後遇恩不霑之作然已在是年冬間或二年春間矣詩云獨棄長沙國三年未許回蓋借賈誼自況也其自尋陽上溯有流夜郎永華寺

寄尋陽羣官之作行至西塞有流夜郎至西塞驛寄裴隱之作詩云人愁春光短時為春末夏初可知及抵江夏端午已過有答張相公自荊州寄羅衣二事及五月五日贈余詩之作又陪長史叔及薛明府宴興德寺南閣八月與尚書郎張謂沔州牧杜公漢陽宰王公泛沔州城南郎官湖九月九日在荊州飲龍山九月十日即事自此西去荊門浮舟望蜀江上三峽巴東舟行經瞿塘峽登巫山最高峰晚還題壁巫山枕障皆有詩可按題壁云江行幾千里海月十五圓又云積雪照空谷悲風鳴森柯江寒早啼猿松暝巳吐月是十月以後氣象由此年十月溯至上年至德二載十五月則尋陽啟行時適當八月也自此以後詞皆隱約然其流夜郎

題葵葉望木瓜山憶秋浦桃花舊游時竄夜郎三詩似又確是在貶所時作題葵葉云慙君能衛足歎我遠移根白日如分照還歸守故園木瓜山云早起見日出暮見棲鳥還客心自酸楚況對木瓜山憶秋浦桃花云三載夜郎還於茲鍊金骨此詩似已在聞赦令後作故云三載情事皆不能移置他處木瓜山有三一在介休一在青陽木瓜鋪一在常德府城東七里在常德者一統志以為白謫夜郎時所過余謂白由江夏至荆州由荆州上三峽蹤跡甚明實未經過常德攷唐之夜郎縣在今桐梓縣夜郎里而夜郎里有地名木瓜廟者當為白貶至之所玩其詩意蓋對此木瓜山而感懷青陽之木瓜山唐李吉甫元和郡縣志云珍州管縣三夜郎麗皋樂源並貞觀

十六年開山洞與州同置三縣並在州側近或十里或二十里隨所畲田處移轉不常厥所尤可見白至之時縣治或即在木瓜廟也宋樂史太平寰宇記牂州亦有木瓜山牂州今為貴陽木瓜山即元明之木瓜長官司非夜郎縣地至乾元二年三月丁亥以旱大赦有降死罪流以下原之之明文白必緣此詔旨得釋其示息秀才云半道承恩放還半道猶言中間也蓋白本是長流不赦之人今中間得釋故云如此不定作為行路解也是年秋間始由夔州下峽其早發白帝城云千里江陵一日還秋下荆門云布帆無恙挂秋風江行寄遠云别時酒猶在已為異鄉客皆係一時作其在江夏書懷贈韋太守良宰詩全是追敘夜郎以前情景又自漢

陽病酒歸寄王明府云去歲左遷夜郎道今年敕放巫山陽與江夏使君叔席上贈史郎中詩昔放三湘去今還萬死餘措詞一致以巫山指夜郎猶夫以三湘指夜郎也不得執為即在巫山奉赦令之據合此前後事實觀之白自始遷至貶所及還江夏首尾實三年與三載夜郎還及江上贈竇長史萬里南遷夜郎國三年歸及長風沙語適合若至夔州即還僅及年餘與各詩所謂三年者全盭不應謬誤若是然則四川總志載遵義府有太白宅在夜郎里有題碑記信非傳會也唐書白本傳有詔長流夜郎會赦還不言半道可見史之審張介侯譏近人未讀全集信然惟家室實未同行有南流夜郎寄內詩北雁春歸看欲盡南來不得豫章書句

可證又唐時夜郎縣不在今遵義府治白田馬上聞鶯詩應以江南寶應白田渡之說爲確而烏江在尋陽且非唐歷陽之烏江縣更不得以遵義之烏江强合爲尋陽之烏江張趙二氏說亦誤又按白集附載唐人李華范傳正李陽冰劉全白等碑志集序於夜郎事皆隱没不言獨前進士魏顥李翰林集序云解攜明年四海大盜宗室有潭者白陷焉謫居夜郎罪不至此屢經昭洗朝廷忍白久爲長沙汨羅之儔路遠不存否極則泰白宜自寛時白尚未賜環可見白之流夜郎久而後復而曾南豐序白集乃云乾元元年終以汙璘事長流夜郎遂汎洞庭上峽江至巫山以赦得釋云云蓋以至德乾元兩年之事合而爲一南豐能辨唐書流夜郎還

尋陽坐事下獄之非而又有此失何也且言至巫山遇赦得釋亦緣白詩今年敕放巫山陽之句而誤效夔州以上所經之處萬縣西山太白巖有絕塵龕三字在石壁上有唐人詩刻相傳太白讀書處見潛確類書而涪陵有渡曰李渡以太白曾渡此曹學佺萬縣西太白祠堂記所謂即婦人稚子能知之者過涪陵則南州珍州地矣白之至夜郎夫復何疑書此以質論古者又見草中有名白頭翁者詩疑亦是在貶所時作

青萍軒遺稿序

自唐虞夏商周累世數十王積二千一百餘年而秦始皇帝暴興滅封建廢井田燔詩書殺儒士禮樂政教一掃無聞三代由是曠

絶秦並天下歷漢魏六朝唐五代宋元明以迄於今亦二千一百餘年西洋一旦挾其智力跨瀛海數萬里以款中國通商互市輪船火車電綫鎗礮機器之屬馳騖紛紜人心競於亡等此二者五德剖判以來非常之變前古所不見聞而皆在此二千餘年間若有數以限之斯其所以然雖聖智莫能明也夫天既以此變嘗試於人人即當思所以處此變者而後謂之善承天易曰物窮則變變則通通則久可久則賢人之德可大則賢人之業嚮令禹湯文武周公孔子易世而並生今日其必能因勢救變以承此天也決矣予向蓄此論而未嘗以語人其後奉使西洋湘陰郭公嵩燾示予以季懷書金眉生六幸圖後感言中國有大變二持論乃適如

予所云郭公重益善之以謂季懷能知言也季懷吾友薛君叔耘之弟才高而識偉通知治世體要先後佐今尚書朝邑閻公平遠丁公幕於山東四川幾十年二公賓敬甚至浸冀大用及予辛巳歸至秦西則聞季懷不幸沒矣予始識季懷在同治乙丑冬曾文正公剿捻駐軍徐州與其兄叔耘及溆浦向師棣伯常聚游幕府日夕究論天下事志意偉然方是時同幕諸賢各以經世之學相摩礪予雅不欲以文士自期亦遂不以此期諸僚友故於季懷但知才學足以任事有餘而其能文章則未嘗屑意今讀青萍軒遺文然後歎向者識君之淺文雖不多頗據古人藩籬卓然有以自立且亦聞桐城遺風而興起者叔耘念弟之亡傷懷不已以予雅

故屬為敘之因道季懷夙昔所以見重於子而議論之同若此光緒九年癸未六月遵義黎庶昌

浙東籌防錄敘

浙東籌防錄四卷吾友薛君叔耘備法時公牘文字也光緒十年法人侵奪我越南屬國地挾兵船踔入東南洋面牽綴援軍旁撓虛喝眩沮我謀其時若閩若臺若滇若兩粵皆别遣重臣宿將聯翩持節以往度要駐扼獨浙無有杭城雖名會垣而錢唐天險阻鱉子門海艘不能直達防務實在甯波其轄下之鎮海定海懸隔一隅孤注與雞籠等道光年間前車之轍未遠也叔耘奉　命備兵甯紹台莅任甫數月即遘此變中丞劉公仲良駐省垣提挈綱

維稔知叔耘賢防務事悉委成之又令盡護諸將凡前敵築臺增礮釘樁沈船塞口以及遷教士杜引水明賞罰固民心皆不憚煩勞百計營度與諸將協規同力一泯異同故備禦嚴而折衷當部署麤定馬江之敗耗已聞自是法益肆其慓疾勁悍之氣伺瑕抵隙游目北窺明年正月遂犯鎮海口門卒兩次被創斂旗而退相持四月之久浙防無恙豈非任得其人哉叔耘忠信醇篤悃愊無華嘗佐曾文正公暨傅相合肥李公幕府有年閱天下之義理多故能措注咸宜若此也今觀其處事之詳審持議之明通不專已不徇人庶昌自愧弗如遠甚宇宙至大世變無窮然則是錄也其即未雨綢繆海防前事之師邪神而明之存乎人若以為既往之

陳跡而忽諸是非能善讀吾叔耘書者光緒十四年三月遵義黎庶昌敘於日本東京使署

庸庵文編敘

余既敘吾友叔耘薛君浙東籌防錄越四月其庸庵文編亦踵成叔耘歉不自足復以書抵余東瀛郵致樣本屬為勘定庶昌受而讀之卒業三反乃引其端曰古之君子無所謂文辭之學所習者經世要務而已後儒一切廢棄不講顓並此心與力於文辭取塗已陋而其所習又非古人立言之謂舉天下大事芒昧乎莫贊其一辭道光末年風氣薾然頹放極矣湘鄉曾文正公始起而正之以躬行為天下先以講求有用之學為僚友勸士從而與之游稍

稍得聞往聖昔賢修己治人平天下之大旨而其幕府辟召皆極一時英儁朝夕論思久之窺見本末推闡智慮各自發攄風氣至為一變故其成就上者經綸大業翊贊中興次則謨謀帷幄下亦不失為圭璧自飭謹身寡過之士叔耘之從公游在同治四年北征劉捻時視余畧後而相從獨久先後入幕府者八年文正既没復參今傅相合肥李公幕府又踰十年天下不第以高叔耘而益歎頌曾李兩相國之賢事同一家士之居其幕如客得歸自適其適為前古所未有也叔耘既佐治久聞見出於人人紀述論著亦且獨多不屑為無本之學是編所載如策治平者六籌海防者十敘練兵者一論治河者一議鐵路者一議援越南者四論傳教者

一論援朝鮮者一論海防總司者一書僧忠親王曾文正胡文忠程忠烈遺事者十雖其言或用或否其所述或親見或傳聞而中括機宜皆所謂經世要務當代掌故得失之林也尤拳拳於曾文正公之德之業反覆稱述樂道不厭蓋自公沒已十七年鄉之同事諸賢存世無幾流風餘韻漸就澌滅幾無復有能言者得是編而軼事遺聞網羅無闕其義比於陳壽之定諸葛氏故事此尤今日跫然足音庶昌所為心契叔耘愈久而彌敬者也叔耘辭筆醇雅有法度不規規於桐城論文而氣息與子固頴濱為近讀是篇者當自得之姑不備論云光緒十四年七月遵義黎庶昌

游歷日本圖經敘

處今日而談洋務非身之所履目之所擊不足以為異身履目擊矣而或不能著書著書而或浮聞勦辭寡要鮮實與不能施於政事皆君子所弗尚也鄒衍之談天也得海外九州形似惟其未嘗身履目擊故止於怪迂之變而已張騫雖鑿空能躬自應募傳至大宛大月氏大夏康居遂通西域三十六國之跡而傳聞大宛西旁國五六其言至今可覆驗衍之智豈出騫下哉而一則以供游談一則以開漢業成就各殊者見與不見之分也德清傅懋元駕部博學多通精攷据往年纂順天府志為表多至數十余頗善其書蓋表者史之要自遷固而降世多難言之此非好學深思不能也然以觀今日歐羅巴人之經國精粗巨細無不有表又益悟此

即孟子條理之謂智者之事也懋元與顧比部少逸奉　命游歷其國有四先之以日本少逸措意新政懋元則兼及古事軼聞時才六月成書二十六卷分目一百七十而表居十九屬草稿未定又將有美利堅之行嗟乎余見懋元之游也舟行車息文酒談讌鉗紙橐筆叩擿不休夜則篝燈賡續指繭目眵勤亦至矣昔司馬子長二十而南游江淮上會稽探禹穴闚九疑浮沅湘北涉汶泗講業齊魯歷鄱嶧鄒薛彭城梁楚以歸奉使西征巴蜀畧邛笮昆明反覲父於河洛之間始有史記之作今懋元足蹟遠過史公而學又足以經緯所見美之郊東西萬餘里輪車自金山七日行至紐約願益翔核茲事利病歸為　天子獻余即以此弁君書附贈

言之誼可乎光緒十四年四月黎庶昌敘於日本東京使署

日本新政攷敘

元和顧君少逸比部奉　命游歷日本美利堅巴西祕魯等國以光緒丁亥秋首經日本明年三月成新政攷二卷因赴美有日先以所撰排印成編代鈔胥之役屬余為序余惟日本之與中國名雖隔海其實自西人通商以來輪船履洋面若平地由今日觀之直庭戶間耳方唐之盛時彼國數遣信使往來慕效華風制度一準唐法行用至千數百年亦稍稍習見增厭矣適會歐美各邦款關互市別開生面明治改元遂舉唐制廢之一尚西法因時制宜不可謂非善變君子之觀於人國也第取其長而已今君居游半

載遂能提綱挈領掇其國之大政都萃而條列之凡為部有九曰洋務曰財用曰陸軍曰海軍曰攷工曰治法曰紀年曰爵祿曰輿地九部之中又分細目七十有三不繁言費辭使全國維新治迹燦若列眉簡約能賅真大輅之椎輪也庶昌兩次奉使於此亦思有所記述而因循未為讀是編實滋愧赧矣若君者殆無忝行人之職歟光緒十四年春暮黎庶昌序於日本東京使署

弢園經學輯存序

弢園王君隱居滬北今秋將彙刊其生平著述三十餘種為一家言而別以春秋左氏傳集釋春秋朔閏至日攷春秋日食辨正春秋朔至表皇清經解校勘記國朝經籍志六種名為弢園經學輯

存屬余為之序余以未睹全書久無以報今始得其朔閏至日攷日食辨正朔至表讀之而後信其書之有用必傳無疑也古之學者通經將以致用非茍為訓詁已也本朝人學問偏重攷据乾隆以還風氣尤鶩浩博然易自惠氏張氏書自閻氏孫氏詩自二陳氏禮自江氏胡氏而外求其綜貫全經殆亦無幾春秋一書疑竇實衆杜氏集解義主簡嚴而訓詁稍畧又其徵引前賢義訓不詳所自出亦元凱著書之體例使然未可輕議然服賈以降羣儒之說具在别集一編使與杜說相輔抑何不可至於朔閏日至日食之故非精疇人術者不能言弢園始尚經濟詞章繼乃進於經學又幸生今世歷法大明之後能通中西祕奥以上推春秋二百四

十年難解之結真如燭照數計此孟子所謂千歲日至可坐而致者也其他洋務論著亦多可採錄見諸施行不僅此輯存足貴而已嗟乎太史公言虞卿非窮愁不能著書以自見余謂虞卿身為上卿有黄金白璧之賜爵土之封其後雖與魏齊間行去趙困梁而以後世情事揆之尚不失為士大夫有力者之家即著書亦必有賓客之助窮愁猶未至於甚今弢園子然一身行年六十有二漂搖江海而此經學之成乃在大瀛數萬里外之蘇葛蘭為余昔所游歷地此尤足異矣以弢園之才之學使得見用於世發皇盛業不且與漢學諸公絜長較短炳著一時門人學徒奔走後先之不暇而顧顛倒困厄至於此極使白頭垂暮之年拳拳為敝帚之

享未知天之生此才何也是余之所重惜也光緒十五年十一月

遵義黎庶昌序於日本使署

大小雅堂詩集敘

吉林尊生承先生有詩一卷曰大小雅堂集光緒十三年余至京師先生之子仲淵叔涵昆仲將謀刊刻十七年歸自日本再入京師則集已印行叔涵以余曾辱先生知命為之序憶咸豐十年先生為貴西道余謁先生於威甯官舍友人莫芷升庭芝適主先生所時一過從與先生譚藝甚洽頗蒙國士之目是冬余謀赴順天鄉試先生贈金且以詩寵行其後二年先生擢署布政使方是時黔中俶擾苗教兩匪燎原交熾省會尤膺其鋒策勳籌防仰承俛

接論者咸以為難而先生勇深智沈應付整暇所抱雖不獲大施而精力已為國盡矣軍事旁午之餘仍復典衣餉士不改故常蓋其天性然也同治某年卒於署任篋餘敗衣數領覈薄至不能成斂遠近聞而感泣今二十餘年而先生仲子仲淵部郎叔子山東督糧道叔涵觀察先生之孫奉天東邊道奭良召南皆次第登用將以發皇先生之盛業其昌大豈有極哉先生集中黔事固所不忘而於遵義人士尤有夙契若鄭子尹莫郘亭兩徵君趙芝園莊庭兩明經趙二珊大令張半塘孝廉即余兄伯庸州倅篠庭茱園兩孝廉莫不見於先生之詠歎然則先生之清德美政固黔人所當尸祝而先生之詩則又吾遵義人所宜珍重愛惜視為拱璧者

也先生詩雖不多然分四集其擬古諸作曰南譙集自滁州北上入都曰燕市集自官儀曹曰禮部集自服官貴州曰黔南集余謂先生之詩既已刊行而先生之詞一卷曰冰蠶者尤為海內所矜重南皮張孝達尚書至載之書目答問中叔涵觀察若能舉而刻之使與此集並行則兩美必合尤饜士大夫之望已光緒十八年八月遵義黎庶昌謹譔

跋趙曉峰學博輯揵為文學爾雅注

爾雅揵為文學注就余所見知輯者有余蕭客本有臧庸本有王謨本有馬國翰本有揚州女士葉心蘭本並學博而六六家中惟馬氏玉函山房本盛行於時其題銜直曰漢郭舍人撰張孝達之

洞書目答問從之是不可以無辨馬序云文選羽獵賦注引爾雅郭舍人注張澍蜀典謂即與東方朔同時待詔為隱語被榜呼謈之郭舍人也此其題銜所據不知朔傳曰倖倡郭舍人陸氏釋文曰犍為文學卒史臣舍人漢武帝時待詔其為兩人甚明所載官階名字詳而有徵缺者獨一姓耳馬氏知其不可通從而為之詞曰博攷漢時官階當是初為郡文學後補太守卒史以能恢諧善投壺入為待詔舍人上銜甫以舍人為名此又以舍人為官前矛後盾進退兩無所據史記褚先生補佞倖傳祇言郭舍人發言陳辭令人主和說不謂如東方朔之好古傳書愛經術也漢世同名甚多如安國延年勝之之類未易枚舉要之舍人或姓郭或不姓

郭俱未可知當從鈌如之義今直斷以為即倖倡之郭舍人則大誤矣廣韻以舍為姓亦是望文生義或又以為即茂陵郭威亦非何者依漢代上書例推之應題作犍為文學卒史臣威不當云舍人也況西京雜記於牂柯盛覽作合組歌列錦賦一文一詩皆詳記不遺豈有犍為舍人注經三卷反不一及之理茂陵遠在三輔與郡國自除之例更不合是又不待辨而自明矣余向疑四川嘉定為漢犍為地城外有爾雅臺或即舍人注經之所及攷茗谿漁隱叢話謂嘉州烏牛山在水中昔郭景純注爾雅於此有臺在焉四川通志亦云郭璞巖在烏尤山上有爾雅臺相傳郭璞入蜀注爾雅於此又王十朋詩云隱迹江山郭景純學兼儒伎術通神蟲

魚草木歸箋注何害其為磊落人據此數說是宋以前亦未有以爾雅臺屬之舍人者然則遵義府志定舍人為郡產並非借才異地奉為樂祖其又奚疑

題鄭伯更說文正問

據敘周宣王太史籀著大篆十五篇與古文或異秦兼天下丞相李斯作倉頡篇中車府令趙高作爰歷篇太史令胡母敬作博學篇所謂小篆皆取史籀大篆或頗省改秦又興隸書以趣約易而古文由此絕亡新居攝大司空甄豐等校文書之部自以為應制作頗改定古文經此數變唐虞三代之逸文至是而所存者無幾矣許君憂之迺有說文之作其曰孔子書六經左邱明述春秋傳

皆以古文厥意可得而說又曰魯恭王壞孔子宅而得禮記尚書春秋論語孝經北平侯張倉獻春秋左氏傳郡國亦往往於山川得鼎彝其銘即前代古文皆自相似其詳可得畧說及偁易孟氏書孔氏詩毛氏禮周官春秋左氏論語孝經皆古文也其用孔氏壁經為主甚明故全篇體例篆文之外別出古籀者即所謂與古或異也別出小篆者即所謂或頗省改也六朝以降不知說文本字之即古文誤以為大小篆孫淵如氏已悉其非惜未暢發斯義不謂精審如段氏亦沿譌襲繆直以秦篆當之於許君存古本指去之殊遠豈所謂涉獵者博多所抵牾與伯更一一疏糾其誤每立一義堅卓宏通匪惟善讀許書實段氏之諍臣也已君家小學

冠絶南中若能盡發所藏別譔巨編緯以矜慎之思使許學毫無遺憾不更善之又善乎

跋楊龍友畫

龍友畫爲黔人冠余物色多年丁亥秋始於京師得山水絹軸幅高工部營造尺四尺五分寬一尺四寸五分上下截均有斷裂痕題崇禎戊寅冬日文驄戲墨鈐龍友二字印畫水流亂石間一橋右轉入森木叢中斜露城堞郭外石坪上人家三兩圍以修竹映帶古木兩叢少偏則峯巒拔起老松離立巖際波光蕩其外蓋江邊側視景也特不能定爲何所攷龍友以崇禎元年戊辰冬侍其父霞標參政至吳門別於虎邱劍川上自石城解纜畫江行十二

幅自為記明年復為天台雁宕之游作台宕等圖年纔三十三董文敏已驚為出入巨然惠崇有觀止之歎此幅又在其後十年距成仁時祇八年耳其意態變化益進神明可知余雖無鑒古識然視其品骨蕭澹簡遠似當在大癡雲林之間文董不逮也龍友大節彰著全家殉國至三十餘口世不以此增重而獨於其為士英戚故訾謷未已士論之隘豈天下之至公也哉撫斯畫不禁喟然增觸已光緒十四年戊子正月既望黎庶昌記

跋悅坳遺詩

表兄鄭子行余作傳稱為山人者也君為子尹徵君之弟以布衣終家貧食力屢空晏如善形家言嘗於洪水壩點燈山卜基兆謂

與堪輿書中坳去聲腦天才者合君得之大喜自營生壙其間種松數百晚歲遷居山麓以近之光緒十一年余奉諱旋里時君没已七年一日往省君墓登點燈山乃觀所謂坳腦天才者禮故人之墓有宿草而不哭焉因就其家求遺稿得詩百餘首當咸豐六七年時君與余兄弟過從甚密及庚申歲暮寇氛不甯君勸余謀赴順天鄉試先之武昌依余從兄伯庸遂别不復合並其後服官江左益遠游海外數萬里之歐羅巴書問曠絶久不相聞君獨時時念余不置形之詠歌以達其意睹茲遺編使人愴惻不能自已君讀書雖不多其詩純任天籟頗近嚴羽别材之説異夫世之雕章琢句以為工者蓋亦擊壤誠齋之支與流裔也今彙而刻之題曰

悅坳遺詩並發斯義使讀者畧其辭而觀其意云光緒十四年九月黎庶昌識於日本使署

沙灘黎氏家譜序

吾黎氏世傳系出唐京兆尹幹（幹戎州人今四川敘州府按蜀碑記唐黎幹墓表在宜賓縣西岸石馬溪之上今石馬尚存）幹之孫植（按通鑑唐文宗太和九年十一月甘露之變禁兵入翰林學士黎埴等家掠其貲財植埴不同不知即幹孫否又按植官右常侍亦不為翰林學士）徙居江西新喻蒙山至宋初有得敘者官蜀昌州刺史（昌州今大足縣）後家廣安軍渠江之金山里（按渠江唐縣宋為軍治咸淳中更廣安軍為甯西軍元升廣安府仍治渠江明降為州省縣入州）傳若干世而生元元生肇基肇基生永陽永陽生本春本春生佑佑生朝邦朝邦遷遵義是為入黔之初祖（按遵義漢牂柯郡鷩縣地唐為播州乾符三年南詔陷播州太原楊端應募以兵復之授安撫

使遂世有其地先是明神宗萬歷十年壬午懷仁祖從家貴州之龍里衛居久之意弗善也厥後二十九年而播州楊氏平地入為遵義平越兩府分屬川貴更徙卜遵義治東八十里樂安水上之沙灘居馬沙灘者宣慰使楊應龍官莊也樂安水即元和郡縣志夷牢水下流入烏江漢志所謂延水者也按漢志犍為郡漢陽下云漢水東至鄨入延符下云温水亦南至鄨入江江蓋延字之誤水經注引作延是也始吾祖自蜀遷黔之龍里已著籍為黔人居十九年而徙遵義還入於蜀越百有二十六載而當我朝雍正五年　世宗皇帝丁未之歲割遵義隸貴州故又復為黔人也黎氏家世微薄自明以來累十餘世閱兩朝二百七十餘年而族姓不甚蕃衍今又兵革之後轉徙無常懼其久而失攷乃取舊譜損

益之闕其不可知者而存其徵實者次列系屬斷自十一世為止使後有所紀述焉譜自高祖以上祇系本支高祖以下之子孫則分房並列後嗣作譜權輿也又別揭事實生卒娶葬著錄於後世愈近則愈詳事勢宜然前不盡合於歐蘇大儒之義法歐陽氏譜見居士集三十三卷蘇氏譜見嘉祐集十二卷亦與近世族譜稍異私家紀載義主於詳實備忘已耳不必強同於古也光緒二年丙子十月朔庶昌謹述

附錄舊譜統紀圖

地皇黃帝有熊氏姓公孫名軒轅都涿鹿　昌意　顓頊賜姓姬都帝丘　祝融名黎掌火正都鄁後以名為姓黎氏厥初自此始　數十代移京兆世襲侯爵失紀又數十代黎嶷魏太武時賜爵容城男加鷹揚將軍後為燕郡守乃遷北京　生黎鎮襲爵為散騎侍郎　生瓊襲爵為鄜城守

生景熙西魏時為史官宇文周時車騎將軍儀同三司金紫光祿大夫 三十五傳失紀黎彖乾江西

臨江府尹困居新喻 十傳失紀黎昭道州刺史至大理評事 黎全登第官御史 黎鳳官諫議 黎

相官巴州刺史 三傳黎□失名官晉陽尉 其傳失紀黎得敘官蜀昌州刺史遷廣安 生黎

靖官光祿正卿 三傳失紀黎錞官直講 再傳失紀黎模官教諭至樞副 生黎焰官福

清通判至大理寺卿 生黎墩官兩浙未知何職 至元無紀復蒙山 黎映文從康茂才征陳友諒官青

州刺史 一傳失紀黎光霽官大理寺卿 生黎瑩進士三月卒 生黎泰解元官翰林提學廣

西中進卒 再傳失紀黎元上元令遷升廣安復業 生黎肇基大理府經歷至中順大夫 生永陽

庠生 生本春庠生 生佑進士早卒 生朝邦

右舊譜所列之圖如此按譜係四世祖先白公之弟名烈字繼明

者手緝成於康熙六十一年僅有寫本未刊嘉慶道光中世父雪

樓公及先資政府君婁欲修訂而未果譜載統紀圖一篇其敘明以前世次或斷或續原敘雖言出自廣安肇基祖祠堂碑而不知其事之多不足據也蓋黎之先出於顓頊高陽氏楚語曰少皞之衰也九黎亂德民神雜糅顓頊受之乃命南正重司天以屬神火正黎司地以屬民使復舊常其後堯復育韋昭注長也重黎之後不忘舊者使復典之以至於夏商故重黎氏世敘天地而別其分主者也其在周程伯休父其後也當宣王時失其官而為司馬氏國語原文止此史記太史公自序引同按章懷太子賢後漢書張衡傳注云重少昊氏之子黎顓頊氏之子國於𨚗邑其始封疑在夏殷之世說文云𨚗黎之古文殷諸侯國在上黨東北商書西伯戡𨚗是也按漢志上黨壺關應劭曰黎侯國今山西潞安府治杜預注左傳同西伯戡𨚗之後未知其復立黎侯與否世

無明文春秋時狄人迫逐黎侯而奪其地以地理證之當即西伯所戡之耆也周桓王時黎為赤狄潞氏所奪黎侯出寓於衛而作式微旄邱之詩小序式微黎侯寓於衛其臣勸以歸也旄邱責衛伯也狄人迫逐黎侯黎侯寓於衛衛不能修方伯連率之職黎之臣子以責於衛也魯宣公之十五年晉侯治兵於稷以畧狄土立黎侯而還此皆三代逸事見諸經傳灼然可知故黎氏言受姓大率本之黎侯秦漢以降史氏無徵而黎亦不顯獨漢書功臣侯表有軑侯黎朱蒼高祖二年以長沙相侯七百户為今湖南湘潭黎氏所祖按黎朱蒼史表作秩蒼又百官公卿表景帝中五年軑侯吳利為奉常齊召南按此表軑侯不姓吳而其子孫亦無名吳利者至魏太武時有黎嶷者疑出魏書氏族志之素黎氏從破平涼有功賜爵容城男加鷹揚將軍其曾孫景熙宇文時仕至車騎大將軍儀同三司見北史儒林傳周書入藝術傳唐時

黎幹為京兆尹唐書有傳北宋黎錞字希聲與蘇子瞻劉貢父友善見東坡志林明天順間狀元黎淳官至南京禮部尚書卒謚文僖李東陽懷麓堂集有神道碑明史附高瑤傳始各有事迹可述號為閩人譜列景熙錞為先世之祖而反遺世所傳出之京兆尹幹不載而又載象乾為江西臨府尹抑獨何歟攷景熙河間鄭鄭當作鄚人地望頗不相及象乾為府尹既在唐世而今之臨江府為唐吉州地至宋置臨江軍乃始有此稱唐世不得而有尹也惟錞為渠江人或僅屬吾宗或果得敘後而為本支之祖無他譜牒可證其世次亦不得而明也譜又云黎元為上元令今攷同治十三年江甯汪士鐸所譔上江兩縣志號為翔實明代縣令亦無黎元其人然則舊譜之失實以此益知

其多矣方嘉慶二十三年先資政府君隨侍王考府君自浙旋里道出江西經新喻宗祠據譜釐正亦僅推至幹孫常侍植而止世歷千祀代更十數凡在王侯將相之家廢墜絕滅奕裔不能舉其氏族者何可勝道而況在於士夫編戶之氓乎其數典而忘事勢適然無足為病君子亦闕所疑而已今悉自朝邦祖以上不述述始入遵義迄於光緒己丑凡二百八十九年而黎氏事蹟具是矣其舊譜圖慮貽後嗣惑因附論正之使子孫知所辨訂且識誣託之貽譏宏達云光緒十五年己丑十月庶昌重訂於日本使署

湘鄉師相曾公六十壽序

昔者孔子之道大而能博非徒垂空文而已也其在弟子有能政

事者矣言語文學者矣夫子獨嘗薦顏淵為好學而與其用行舍藏及論為邦則損益四代垂法百王問答與眾殊科彼顏氏者其用未施道不顯於時也然自七十子之徒咸推服之未嘗聞異辭蓋於其所素存必有以驗而然也及孟軻氏修仲尼之術明王道黜諸子荀卿晚出著書益崇儒效而世或莫之信抑獨何也後代儒者輩出言愈尊效愈寡至益重以闊遠為世疵詬不亦既過矣哉公之在翰林即病世儒舍本鶩末以寡要乏實取譏恆用自毖而反求諸修己治人之原以庶幾乎孔顏坐言起行之旨其規模意量固已閎遠矣及後在軍又為聖哲畫像記具論學問宗主得失之宜明儒術之足以經緯萬端稽諸室而從播諸市而行持義

甚備蓋自　宣宗皇帝平治之朝公即毅然有以任天下之重及粵賊洪楊亂起倡率義旅卒然起一方犯莫大之難而不悠厥後兵敗九江厄於南昌困於祁門蒙難艱貞百折而無所於悔十年之間卒誅凶暴削平大亂反正國家自江漢常武以還漢唐中世匡復討伐之勤未始有若斯之烈者也東南既定公患兵革不休於是鑒古矯失以息事甯人為天下帥罷將士還隴畝沖襟元覽倓然不改儒素之常舉蓋世勇功智名藐若浮雲之飄於太虛而曾不一與斯豈所謂若無若虛知變化者耶及捻賊再平　天子垂念畿輔吏治呰窳待公以為治佐之股肱未及期年剔獄以踰萬數其他若鹽漕河防軍實次第奮修振槁扶衰令馳若流吏飭

民穌風化肅然又豈所謂期月已可者耶蓋讀孟荀諸大儒之書而知聖人之道尊及觀公所錯注設施又益信聖人之術塙乎其可行俟百世應時變若為良造之御縱横險阻而不失其馳也歲十月十一日公登壽六十其夫人先以二月二十九日躋壽五十有五元德齊祉世以為難自在朝之宏公貴人下逮百僚師士龐眉黔首異方冠帶之倫莫不延跂以望公之康强純固得恆倚為重而頌以無疆之休若古稷契皋陶伊吕周召方叔召虎仲山甫衛武公其倫者為辭殆不可勝紀庶昌等從公久雖遠在數千里外獨可無一言以壽於是具道向所以服膺於公者以為禽犢之獻云此文與四川井研王子蕃鴻訓聯名亦公門下士也自記

送姪尹融之吉林序

吉林於古為肅慎氏地自周武王時以楛矢石砮入貢魯史志焉度其闢國在夏殷以前遠於齊魯燕召大封且數百千歲而説者曰吉林即古雞林長白障其東南松花混同界其西北山川積高神靈隩區帝王者所應運而興也　聖清受命滿洲分立五部其地適當三姓甯古塔吉林之中而吉林為扈倫四部長最稱雄桀地利尤勝　國初迭設昂邦章京將軍都統以治將軍雖建號甯古塔而常鎮守吉林吉林為省自此始雍正乾隆之際稍改舊觀嘗一設州縣矣未久而即罷其時邊患未形一切得沿滿州政俗簡節疏目以長以養百有餘年而事變乃大異於古　今天子嗣

位慨然以邊防為急務　詔將軍與督辦大臣經營險塞練軍實起屯戍開郡縣繕城邑將以通商訓民一準漢法治之比於十八行省於是吉林始設道府額缺二州縣同知通判額缺六於選人中揀發所謂正途者需次補授今年夏　朝廷猶以正途為乏著令吏部籤掣即用人員吉林特增一籤而吾姪尹融以進士與選是非其幸歟男子始生桑弧蓬矢以志天地四方雖適萬里猶户庭可也況為　天子守土吏往即邠郃肇基之域一旦撫有人民攬其江山城郭土著射獵高步遠引倜然想望　興王之會其於吏治必有以進乎古矣汝往欽之哉尹融頃來日本求示長民之術予既告戒一二別為序以壯其行光緒九年八月

贈趙殿撰敘

聖清受　命起滿洲以總壹海内凡百制度皆有改作獨取士一準明制賓興三載大比天下羣士秋試於省闈謂之鄉試鄉試中式明年春試於禮闈謂之會試會試中式成貢士　天子御保和殿策而問之謂之殿試殿試中式一甲三名曰狀元榜眼探花謂之鼎甲得者以為殊榮而狀元尤絶異可貴重極天下之所慕歎者也自順治甲申迄於　今上戊子凡二百四十五年舉狀元者九十八人不為不多東南大省縣或至數人而西南邊徼之地至乃合數行省曠數百歲而不得一與又何其難也光緒丙戌科吾黔貴陽趙君仲瑩實始以狀元及第魁天下中外尤以為異士在

黔聞者相與引觴稱慶有若榮寵之被其身雖余亦不自知所以然余與仲瑩未相識丁亥仲冬邂逅於上海睹其容温然以恭挹其氣粹然以和蓋成德者器也雖然使仲瑩由是翔步清華從容平進而為　天子文學侍從之臣以馴致大位皆其資地之能以自致不足為仲瑩異吾願仲瑩之有志於道也昔宋王沂公答劉子儀之戲曰曾生平志不在温飽明王文成入京師諸貴人勉以射策甲科為第一流文成笑謂恐第一流當是聖賢茲二賢者足以法矣夫黔天下之右脊也其山川清淑旁魄之氣鬱極蓄久而於仲瑩發之宜益思所以副生才之意沈潛乎仁義涵泳乎詩書直養夫剛大之氣以待勳業之可成此殆有天焉必非偶然者余

與仲瑩別一年所誼不可終默卒書鄙懷以贈光緒十五年春王
正月同里黎庶昌譔於日本東京使署

漢孝女先絡碑

孝女先絡者符人也漢永建元年十二月父尼和為縣長趙祉拜檄謁巴郡太守過成瑞灘溺死求屍不得絡年二十五有子女二人為作錦囊分金珠繫頸下至二年二月十五日尚不得喪乃乘船至父沒所自沈其夕見夢於其弟賢告曰後六日當與父屍俱出至日果父子浮出郡縣異之表尚書遣戶曹掾為之立碑以旌誠孝人為語曰符有先絡僰道張帛求其人天下無有其偶者矣事具華陽國志後漢書水經注獨戶曹碑久軼不傳越千七百六

十有三年郡人黎庶昌撰先絡為黔故首以其行絶特不世出不宜聽黯黮輒依度尚弔曹娥事别立石刻之仁懷漢犍為符故治安樂水會其辭曰

符女先絡令善猗儺夭桃之子宜室宜家順元永建有父尼和拜檄上謁郡將於巴遇灘而隕腹葬魚蝦女心菀結又可奈何誓求父死泛逐洪波六日兆夢負屍江沱皭然不滓翩翩懷沙蛟龍所畏鬼神所嘉繄彼孝女婉如舜華朝榮夕悴萬口咨嗟哀感行路女心則耶父一而已匪恤其佗楚纍被放自沈汨羅城崩野哭杞婦不髽棘道張帛上虞曹娥視彼孝女孰為其多滔滔江流萬折而東一往不復身則與同抗此貞厲以矯世風亂曰湍流悍瀨駭

可噫兮窈窕麗質棄如遺兮魂靈揚波永抽思兮精貫金石耀坤維兮犍牂之寶名馥菲兮千載未沫紛葳蕤兮江水可枯石不夷兮　大清光緒十四年歲在著雍困敦月在畢陬日在丙寅

誥授奉政大夫黎府君墓表

府君諱恂字雪樓晚號拙叟遵義黎氏黎之先出自唐京兆尹幹幹孫植仕為散騎常侍自河南徙居江西新喻蒙山於是為新喻之黎宋初有得敘者官蜀昌州刺史後家廣安軍之渠江於是為廣安之黎傳若干世至朝邦明萬歷中始遷貴州龍里繼遷遵義沙灘又為遵義之黎朝邦四子長曰懷仁懷仁生民忻民忻從渠山來知德高弟胡生游傳瞿塘易學於府君為六世祖再傳生高

祖諱天明天明生曾祖諱國柄國柄生祖諱正訓廩貢生正訓生
考諱安理乾隆己亥舉人山東長山縣知縣　國史採列孝友傳
者也以府君貴兩代贈奉政大夫祖妣氏鄒妣氏楊皆宜人府君
生而沈毅寡言氣蓋一世讀書取明大義不屑屑治章句本諸身
而可從質諸世而可行耿介離俗高視在王仲任徐偉長間也中
嘉慶庚午鄉試舉人甲戌進士改知縣籤發浙江累充丙子戊寅
己卯鄉試同考官補桐鄉縣知縣在官五年考長山公自山東解
組來觀政調歸安未行丁父憂歸家居十四年道光癸巳再起復
揀發雲南充乙未丁酉鄉試同考官迭署平彝新平知縣補大姚
縣知縣署雲州沅江姚州霑益等州知州題升東川府巧家廳同

知咸豐元年致仕歸里其在桐鄉也一以不擾爲治正獄訟弭盜賊寬賦役釐漕務舉邑先儒張考夫願學備忘錄以詔學子暇則修其墓遇吏民如兒奴稱譽翔洽在雲南凡三弭回變新平彝婦蔡刁氏謀反事覺府君自省馳三晝夜勒兵捕剿廣設方畧擒蔡母子及僞署總督以下四十餘人斬蔡釋其餘遂解散緬甯回與兩湖客民械鬭屢期復仇鎮道至姚州諭撫回故以市羊漢人搆釁擁衆千餘脅就理鎮道不敢出府君坐堂皇叱其酋曰汝曹欲反耶皆伏曰不敢曰既不敢爲一羊孰曲直當訴我此攘攘何爲與亭決立麾衆退大吏不以府君爲能竟撤任明年使領運一起京銅重困之甲辰川匪王某作亂渡金沙江入大姚據仁和街府

君督團練拒守擒斬六百餘人賊潰踰月姚州花衣村回復圍白鹽井逼縣境再率團練創走之總督林文忠公則徐大善其法下他州縣仿行以卓異薦浸欲嚮用而府君即引疾去矣自先王井田之法壞而廉恥道消士惟徒手仰給縣官食租衣稅以放其亡等之欲故有一朝失職若不可自比數人類者矣嘉慶道光之際海內承平無事民庶豐樂正世論富貴利達之時而江浙又士大夫仕宦豔遂也府君於是時年甫強仕即引疾家居浩然有箕潁之志及再起家為令非意所好卒守止足之義請告懸車一返初服以視世君子奔命利祿之場苟患得失老死芸芸不休至或禍敗相隨屬者其賢不肖為何如也府君歸休四年遵義亦亂比連

歲不定舉家避之板橋桃溪源桐梓石阡所至焚香展卷脩然而已同治元年里人結寨於禹門寺因就居焉明年癸亥八月二十九日卒春秋七十有九配周宜人仁勤淑慎偕臻耄耋年八十三卒合葬車田芝山子男五兆勳湖北隨州州判兆熙國子監生兆祺軍功保舉知州　賞戴花翎兆銓雲南姚州知州兆普女三長適鄭珍次適楊華本次適朱正儒孫男十三人孫女九人曾孫男七人府君於庶昌世父也没二十年而墓道之文未具懼其久而失真特述府君高志介節揭諸阡原使來者矜式若其他懿言軼事别見鄭珍所為行狀不備書也庶昌謹表

先大夫側室劉孺人家傳

孺人姓劉氏貴陽人先府君側室少時割股療親疾歸府君以才敏見稱尤篤愛於諸子始吾母吴太宜人頗病子女繁而孺人獨不育維時家貧也無他僕婢孺人輒以身兼之每一子生吾母乳嬰者孺人即哺其孩者羣小更迭在懷誠求保抱纖悉必周一忘其非己出也庶燾初就外傅不見孺人即淚涔涔下不發聲孺人不得已日攜女紅往他室就治使從門罅壁隙間望見之庶燾且讀且窺乃喜率數歲以為常其在印江庶昌甫四歲患羸弱竟日號咷孺人百端曲慰府君時或抱持緩步庭中孺人舉巨椀實粉餈隨其後庶昌以目注視不食亦不使去往來窮日夜無休時他傾數類是積一歲病瘉而孺人未嘗有倦容比長從師讀溺愛一

如庶燾必旦晚挾書冊躬往送迎之以故歲十餘猶隨孺人卧起不辨為吴太宜人所出者恩誼若與吾母等府君之没也實道光壬寅十二月諸子孫露愛憐之尤甚謀所以撫翼者萬方如是且十年而諸子以次成立讀書發名孺人之力為多其後精力衰得脚氣疾不良於行積勞所致也猶時時助吾母檢校家政不遺餘力每夜深人静星月在庭僕婢昏昏睡去孺人必獨自扶杖起行謹飭門户乃就寢其勤動尚如此再踰年卒年五十有九當府君之没既歸而家益貧吾母與孺人私計曰今貧如是諸子又小弱將何以自存宜各勤手指於是吾母任紡織孺人任鍼黹賴以支拄不墜至末年稍稍緩裕矣自咸豐丁巳以後地方多故板蕩播

遷孺人乃復窮約遂至於沒諸子及今追思鞠養慈惠之德莫知所為報流涕而不能忘也

從兄伯庸先生墓表

同治二年癸亥八月二十九日我世父雪樓公告終明年春兄自隨州州判任内奔喪旋里年六十矣先以水陸撼頓失飲食節至又哭泣摧哀傷彌甚既葬疾作八月二十日亦卒春秋六十加一十一月初三日祔葬車田芝山世父墓右兄諱兆勳字伯庸晚號磵門居士九歲即能為五七言詩持贈同輩長老驚歎既冠後邁有奇氣不肯役志帖括世父亦雅不欲强之兄進則奉槃御食左右就養退則與外兄鄭子尹珍同事研席鋭志求通於古而趣嚮

各殊子尹稽經諏史志爲通儒兄則耑力於詩上起風騷訖於嘉道無不諷味以爲詩者性情之極則也治之六七年而業日以精道光壬寅癸卯間世父出宰滇南會獨山莫子偲友芝奉其尊猶人先生之柩東葬吾里青田山去黎氏舊廬六里而近三家者互爲婚姻又同志友善兄於是方領家政外喜賓客内督諸昆季積苦力行井井有條理日夕發書與子尹子偲相違覆以詩古文辭交摩互厲風氣大開久之羣從子弟服習訓化彬彬皆嚮文學矣年二十四補縣學生員十試於鄉不得志於有司始援永昌軍例報捐教職己酉署石阡府教授又三年補黎平府開泰縣訓導最後以防苗功選湖北鶴峯州州判至楚檄署藩照磨兼鹽庫大使

同治元年調補隨州州判時喪亂之後兄以薄宦羈旅鄂疆位卑而祿微權輕而事減恒不能以通其志悲愉欣戚一寓於詩間與監利王子壽柏心龔子貞昌運陽湖徐子楞華廷中江李眉生鴻裔往來唱讎訕譏笑歌肝胆豁露多不平之鳴蓋才人不得志於時者之所為也少作千數百篇至老刪削且盡僅存四百餘首弟輩强編為侍雪堂詩鈔八卷尚非意所欲留早歲刻者有葑煙亭詞四卷餘箸多未成家世具世父墓表配阮氏妾陳氏梁氏無子以叔弟兆祺子汝弼嗣孫二兄與鄭莫兩徵君同時並興名在其次而知之者少獨今吳縣尚書潘祖蔭稱之曰鄭子尹莫子偲黎伯庸皆黔之通人也眉生亦亟稱之曰伯庸天機活潑灑落塵埃

吾不如也余為次敘厓畧俾異世治黔故者有所攷論焉從弟庶昌表

仲兄椒園墓志銘

仲兄諱庶蕃字晉甫別號椒園長庶昌八歲道光二十二年我君見背家貧不能自拔長兄篠庭念門户繫兩弟董督之愈於成人期在必達其志事所願欲其為教之方雖嚴師弗如兄亦服教惟謹敦自勵飭不樂以凡子居與庶昌並案讀屬文必盡夜分每至月落山寒窗紙映黃金色竹露滴瀝有聲唫哦未已庭有古橙我君所手植時或黃團下霣大聲砉然擊屋瓦皆碎爭啟户往拾返讀如初恆持用笑樂如是者三年業大進中咸豐壬子鄉試舉人

踰年北上公車至澧州道阻不得達歸而盡棄其學黔亂起喜言兵事治團練於鄉嘗一從縣令江君炳琳剿賊甕安之上塘軍潰大爲羣賊所困徒步歐血賴天幸得馬以免然無功事弗克上兄亦灑然不以屑意久之苗教各匪數犯吾里兵不得休同治元年再入殺戮彌甚刲人若羊豕燬廬舍無貧富貴賤賢不肖皆一掃括絕盡人人露立兄乃率鄉人結寨禹門寺固守與賊相持凡五年楚軍入綏陽始解論功保擢候選知州庶昌之從曾文正公江南也遣使迎吾母兄亦厭兵事挈家來依改官兩淮鹽大使至揚州候補光緒二年庶昌奉使西洋七年再使日本迎母居滬上兄往來其間十年甲申母卒偕喪歸里營葬訖將返揚州喪未終也

庶昌諫不聽卒以十二年春載病出抵揚百許日七月初五遽没於旅寓年五十八子尹禕從行即以是年歸柩卜葬小青棡林先壠之次娶駱氏吴氏妾譚氏皆前卒妾丁氏子二尹穮次即尹禕女二殤孫二初咸豐中兄以儁才績學爲學政翁文勤同書所賞許必以詩鳴及至金陵邗上詩益豪且多友人莫祥芝爲裒刻椒園詩鈔六卷雪鴻詞二卷没後又得遺詩若干首他日將並刻之彙入家集銘曰

樂天知命無入不宜此聖賢自得之學豈吾輩所能幾但苟識其理亦可少安窮約守分不移兄之再出病已難支行不逮禮弟諍不篤乃遂至於斯而止於斯乎噫

劉君墓志銘

君諱仕元字善伯其先江西人明萬歷時有名明德者從劉綎征播播平居土崖壩遂世為遵義人與吾黎氏同時占籍樂安里相距六里而遙然上世未嘗往來也君於咸豐初遣子漢英就先兄魯新椒園學始為通家甲寅八月桐梓姦民楊龍喜作亂圍郡城里氛日迫羣情搖搖若懸旌君首倡團練以拒賊怒滋入境持兩端者多不便反訾君所為君曰禍由我始當由我止即夜執其人火其居率丁壯出禦截嶺而守賊知有備不敢犯竟去衆乃慄然悟賊可擊也同治元年黃白號匪交熾四郊多壘鄉人就禹門寺結寨自衛主之者先兄椒園及從兄介亭季和君命漢英協力戰

守與賊相持年餘先後却走僞秦王朱民悦僞元帥聶定邦叛將吴元彪等大得其助然君爲人平時姁姁然遇物恭謹氣若不勝衣言不能出諸其口見者不知其能任事如此人固未易測也晚邁目疾喪明光緒十年十月二十六日卒春秋七十明年九月卜葬緑塘河西潘家灣辛山乙向曾祖春乾壽九十有六五世同堂祖登東父正盈以孫貴

覃恩貤贈文林郎妣梅氏贈孺人配張氏子一即漢英同治丁卯舉人普安廳教諭女一孫家鏞孫女一曾孫鴻澤將葬漢英以銘請誼不可辭久乃塞諾銘曰

善人劉君藏於此土以施後昆世甯其宇

詹節母墓志銘

咸豐七年節母詹孺人踵吾門而告於余兄篠庭曰妾夫不幸死於非命今二子幸漸長大家匙近親謹遣詣門下累先生先生若聽哀微志教督之使有成所以貺詹氏甚厚余兄敬諾越八年而節母卒又九年為同治癸酉子廷鏞舉於鄉又六年廷鏞以大挑知縣揀發甘肅具狀來請銘節母綏陽吳氏粗通書史父朝東舉人其母若姑皆余姑也姑以姊妹結姻重親而節母適遵義為詹氏婦婉嫕貞靜入門即有賢譽道光二十三年夫鈺漁於塘溺死父母具存節母哭之慟已而曰命也吾不敢以輕徇傷二老心時年二十二即屏去曼飾銜悲飲辛嚴事尊章曲盡子職逾於夫子翁姑大稱孝婦數年、翁姑亡始專家政詹氏於吾里為單家素號饒給自其翁大人在時頗以博負進而未察及是衆負事白節母議鬻田鄰里或諫其名不美節母曰吾非不知第不鬻田則債莫能償子母相權不數年而詹氏田且盡庸有利乎卒割償三分之一後皆贖如舊貫衆於是歎節母遠識其母遭家落又奉迎而養之移所以事姑者事母視微聽聲一承以志治家尤謹於法度喪祭有經賓客有奉閭里親族有賙僮僕手指各予常程條次精密半菽寸齏尺布段薪必飭必躬不言而教行内和而外穆以故升其庭肅肅如也入其室訢訢如也當是時節母賢聲播聞乎兩邑雖以士大夫詩禮篤訓之家内視覸然咸自以為不及也咸豐中遵義數有寇警鄉人鳥驚避之以此破家者甚衆節母既遣子就

傳單獨一身經營督察懷刃自衛多所保完十一年黄號賊大至室廬被毀始徙居東隅里明年再徙禹門寺寨造次顛沛中姑姊妹之來依者族黨之流離不振者猶復有無與共量力濟施衆於是又服其仁嗚呼節母之行卓然有以饜服人人若是於古當魯母師陳孝婦之倫節母非有所慕效而然也行乎心之即安而已同治三年二月十二日節母卒春秋四十有三光緒四年十二月合葬大林子二長即廷鏞次遺腹生廷謨銘曰

緊彼婦行德言容功四者具備維德之崇孰為女宗婉婉士風詹氏之有心敬節母六星未周隕墜厥耦子荷婦負協於姑舅齊家之教自古難奚桃李不言晚而成蹊賢行絶出輿誦實題貞此苦

節彤管有悽侯論史氏視我銘辭

楊先生墓志銘

先生諱開秀字實田別號雲卿姓楊氏綏陽鄭場里人自少博聞强記以制舉文雄於時每一篇出壓其鄉之長老長老咸驚歎屈服曰楊君文六藝精華也然試輒不售年五十餘始中道光己酉鄉試舉人一上公車遂絕意仕進專以經術教授鄉里道光末年嘗就吾鄉禹門寺設塾士聞先生名奏而受業者數十人寺舍皆滿予兄庶燾庶蕃從父兄兆銓及身皆列弟子籍兆銓庶燾又先生女壻也初庶昌將詣塾家貧不能具脩脯先生聞而呼之曰孺子來毋苦時年十二令植案講席旁與其子對坐東西嚮晨興入

塾問先生安否就受書周禮禮記悉出口授刻程晷肆業必使背誦爛熟乃已讀有誤聞聲糾之不失一字如是者數年獎藉誘掖門牆益宏其後徒黨散歸各以所得傳授私淑楊氏學日盛里中為之謠曰禹門寺讀書堂孰為師黎與楊六十年前後光兩夫子澤孔長蓋自乾隆中吾祖靜圃府君設教禹門後不復見此盛已六十年故云爾先生以同治二年二月二十五日卒春秋六十有七某年月日葬鄭場楊家村宅右曾祖某祖某父某妣某氏配王孺人繼配裴孺人子二遇庭縣學武生遇澤縣學附生吳元彪反踞綏陽縣城遇澤往乞師綦江行至七寶寨即夜寨陷於賊死之女六長適吳某次適黎兆銓黎庶燾次適張鼎新次適丁某居

某寨亦為賊陷自縊死次適陳某孫二人先生為人內行篤修而外甚和易與人游汎愛無畦町尤澹於耆欲家貧食力屢空宴如其視富貴軒冕若野馬塵埃之不足汙我也居恆課士畢下帷靜坐神識淵然超乎萬累之表近古湛冥者歟性好學然亦不常見其讀書晚乃學奇字頗疏記古文異訓綴成一家言尚未卒業予時少未知先生所為書可貴不即副遭亂遂滅今求其家無有惜哉銘曰

豐其德潤其宅闇然自修不物役嚴君平鄭子真斷而伯仲思古人

鄭兩山人傳

山人名璭字子行珏字子瑜姓鄭氏遵義人徵君珍之弟也讀書畧通大義不肯竟學棄去家貧薄有田數十畝力耕自食道光末徵君以高名宿學為西南儒宗郡守以下禮聘造請士大夫望塵款接惟恐失顏色山人獨默默寡譽以布衣終姓名不出閭巷老屋柴門蕭然物外於富貴人一一不識也子行隱於堪輿子瑜隱於醫二人者各挾其術周旋鄉里時時以種德活人為事頗為人解紛眾德之民有隱曲及搆爭訟事兩造莫能平皆曰願待鄭山人一言而定其見推信若此性耆釣無事率嘗在樂安江水上藉草地坐或據危石雖斜風細雨不歸志亦不在魚也子行所居曰小河溝子瑜所居曰望山堂距吾家里許咸豐中余兄篠庭以病廢

與山人交最篤無三日不過視過則必命酒肴取娛劇談雄論詼嘲並作極夜分乃罷去折竹然炬以行明旦視之則又腰笆簑短簑笠草屨持釣竿出矣子瑜先卒年四十三子行卒年七十

黎庶昌曰山人之祖諸生鄭學山父布衣鄭文清兩世精醫皆有隱德布衣又予姑夫也尤善飲喜釣以謂釣者養生具非他玩物比然則釣亦豈其家學歟

莫徵君別傳

徵君諱友芝姓莫氏字子偲别號郘亭晚又稱眲叜貴州獨山州人父與儔以翰林院庶吉士再改官爲遵義府學教授君從來居遵義爲人默然湛深與吾里鄭徵君子尹珍同志友善篤治許鄭

之學因子尹以交予從兄伯庸兆勳三人者至莫逆也君家貧耆古喜聚珍本書得多與東南藏弆家等讀之恆徹旦暮不息寢食並廢身通蒼雅故訓六藝名物制度旁及金石目錄家言治詩尤精又工真行篆隸書久之名重西南學者交推鄭莫中道光辛卯鄉試舉人丁未會試公車報罷與曾文正公國藩邂逅於琉璃廠書肆始未相知也偶舉論漢學門戶文正大驚叩姓名曰黔中固有此宿學耶即過語國子監學正劉茮雲傳瑩為置酒虎坊橋造榻訂交而去咸豐十年君以截取知縣候選在都是時端華肅順方擅權欲收召天下知名士藉助聲譽介人來求君書不應又招致授讀子弟亦辭謝之居無何且選官睹東南寇亂不樂一旦棄

去往客太湖胡文忠公林翼所為校刻讀史兵畧胡公卒又從曾文正公安慶黔亂益無所歸述影山草堂本末以見志影山草堂者君所居獨山舊廬也自是客文正者踰十年江南底定寓妻子金陵徧游江淮吳越間盡交其魁儒豪彥與南匯張嘯山文虎江甯汪梅村士鐸儀徵劉伯山毓崧海甯唐端甫仁壽武昌張廉卿裕釗江山劉彥清履芬數輩尤篤其名益高所至求書者屐履逢迎同治四年今大學士江蘇巡撫李公鴻章請州縣吏於朝君嘗與子尹為祁文端公寯藻密薦有 詔徵用君卒不就同治十年往求文宗文匯兩閣書於揚州裏下河九月辛丑至興化病卒縣今甘紹盤視其喪年六十一君弟祥芝方官江甯知縣請解任返

葬君近義青田山先壠之次文正公善其所為曰世不行此久矣君生平志存文獻思為黔之一書潤色邊裔道光中與子尹同撰遵義府志博采漢唐以來圖書地志荒經野史披榛剔陋援證精確體例矜嚴成書四十八卷時論以配水經注華陽國志又綜明代黔人詩歌因詩存人因人考事翔實典要為黔詩紀畧三十三卷貴州文獻始爛然可述居金陵得唐寫本說文木部百八十八文君自謂此吾西州漆書也以舉正嚴段二家校注撰箋異一卷文正公為校刻以行又嘗至句容山中蒐討梁碑躬自監拓惟恐一字見遺撰梁石記一卷其數如此別箸之書有聲韻攷畧四卷過庭碎錄十二卷樗繭譜注一卷郘亭詩鈔六卷郘庭遺詩八卷

郘亭遺文八卷宋元舊本書經眼錄三卷坿錄二卷編訂未竟者有郘亭經說影山詞書畫經眼錄舊本未見書經眼錄資治通鑑索隱各若干卷配夏孺人子二彝孫繩孫彝孫附貢生先卒繩孫知府銜兩淮候補監掣同知

黎庶昌曰徵君於予妻兄也光緒中議續修　國史擬君入文苑傳公論定矣然事蹟獨據張裕釗所為墓志尚有遺軼未盡者故別為之傳云

布政使銜四川候補道蹇君墓表

君諱誾字子和姓蹇氏明尚書忠定公義之後崇禎末避寇亂轉徙入遵義遂為縣人曾祖某祖某副貢生考臣道光乙酉舉人官

婺川教諭卒祀鄉賢妣李夫人母陳夫人生子三君其次也三代皆以君貴　贈中議大夫妣皆封淑人後以軍功加級再　晉榮祿大夫妣皆一品夫人君生而英豁沈毅饒有智畧咸豐四年桐梓姦民楊龍喜倡亂圍攻郡城時贈公方奉　命在籍團練承平既久兵脆器荒君始為當事者畫策協同戰守詰姦禁虣昕夕在勤閱百二十日而圍解蹇氏名由是籍甚自是郡中兵事迭起一皆倚君主辦君亦以為事關桑梓誼無可委也積功由廩生累保同知直隸州分發四川　賞戴花翎至則大為駱文忠公秉章所知署彭山縣知縣縣故無城適滇匪李泳和擁眾踞擾迴龍場君率黔勇百人雜以團練分屯置守屹然如遏水使不溢防始築土

垣為城病其窳敗乃集父老謂之曰吾欲易土以石何如衆有難色君曰此彭民百世之利無可疑者因出圖指示城基曰應起某所止某所須工費各若干吾籌之已熟成否祇在今日耳衆皆曰惟使君命即委輸金錢且防且築六月而城完賊以遠退君再破走之快活山遠近大悅驩聲動鄰眉州民至移彭山界石以自蔽駱公賢君勝軍旅也令兼治眉州團練解散勇目陳祥興數萬之衆十一年署茂州直隸州松潘與茂州毗連為番所陷數數侵擾州境君治法一準彭山同治元年越剿匪首方自閏於綿竹其秋大破番巢於疊溪引軍深入連下龍池梭多勒古諸隘壘生擒賊酋日吉木諾進復廳城君績為多由是晉階知府四年丁李陳兩

夫人憂駱公留辦番務君固請回籍方是時黔省軍事糜爛蜀邊
益棘駱公念援黔即所以為蜀就令統舊部至遵義設防而工部
侍郎石公贊清亦自條陳軍務薦君才可大用堪倚以辦賊未幾
果有三路援黔之議矣君以所領當中路駐剿數年討平高臺覺
林寺擡木園各教匪斬偽朱王攻復湄潭縣城分軍與楚師會克
清平　天子多君功免補知府以道員用疊加鹽運使銜布政使
銜又於其間辦結天主堂巨案約堅條明民教大安凡地方義舉
皇皇焉圖之惟恐不及任之益不辭勞怨八年丁贈公憂服闋引
見回省新津有通濟堰為眉州彭山兩邑民田所利溉新津民
累靳脩築積訟彌年君奉檄往勘為之平亭利害眾各爽然一遵

約束以退旋赴酉陽巡視邊防歸及重慶病卒同治癸酉十二月六日也春秋四十有六上自大府帥下逮僚友莫不歎君之位與壽不克盡其才為　國家大用惜也彭山茂州遵義士民聞之先後請建專祠得　旨報可事蹟宣付史館立傳其明年五月卜葬縣西觀田山初咸豐中君兄諤以舉人剿賊殉難　特予建祠及是君又以勳績邀此　曠典郡人以為榮合祀之文昌宮後號二蹇祠云配朱夫人子二念咸念恆俱廩生女二長適清鎮侯選從九孫秉懿次適余從子尹融孫男四人孫女二人君在軍在官常手不釋卷亦頗讀宋五子書以自儆然不喜著述僅有權彭平番援黔等日記六卷君弟詵別輯詩文為諍庵雜著二卷家書及論

學語為一家言四卷君沒十餘年而其羣從子姓能篤守家法門庭雍睦蔚為一郡之冠無改舊規然後知君之所樹立皆出自有本之學非偶然也其廟食宜也念咸等數乞余文為君表墓因綴其大者使揚於阡用式鄉閭而告異世光緒十三年正月同邑黎庶昌表

誥授通奉大夫心泉高公家傳

公諱以廉字心泉別號鳳樵姓高氏貴筑紅邊里北衙村人累蓄不施自公之考廷瑤始以乙科顯仕至廣東廣州府知府治行為嘉道間最世稱青書先生子撰全黔國故採以入循吏者也咸豐之際粵賊亂起　詔各行省治鄉兵以在籍紳士領之公與漕運

總督朱公樹江蘇蘇松太道王公玥湖南攸縣知縣孔公憲典山東益都縣知縣寇公秉鈞同日被　命欲辭不可團練踰年遵義遂有楊龍喜之亂居亡何下游苗教各匪起省垣由是多事矣公與陝西鳳邠道黃公輔宸籌辦城守編保甲簡丁壯建碉堡輸粟鑄礮劼劬毖終殫力勤恪每建一策發一議省之人咸指目曰非高十二公莫能為也迨至朱公等相繼喪而黃公出仕遂獨任其難同治甲子以後黔事否極公籌防論戰足無停趾官牘私函手答口商竟無虛日旰宵劬勞忘視家事雖至倦矾不得少休始公將以鹽提舉之官雲南為巡撫蔣公霨遠所留繼是撫黔者若善化勞公崇光銅山張公亮基皆倚以襄事遂不復言出積二十餘

年卒睹全黔平定鄉土又安亦足酬澄清初志矣敘功累保至分省補用道加布政使銜　賞戴花翎　賞給三代應得封典　恩獎優異里閈榮而服之方青書先生之仕廣東也歸槖數萬金悉命分贍親族計口授產金立盡公奉志唯謹及黔亂起家實無餘貲而門第猶盛性又好施予有廣州風兵燹之後疫沴繁興餓莩相望凡四境之流離不振者爭走其門公衣之食之病者醫藥之死則殯葬之不足則多方稱貸以應必求達其心之所安而後已或謂公泰勞公曰吾非不知第日對此輩不禁惘然難止耳君子居上則道濟天下居下則善及一方皆聖賢不忍人之義也公有兄二人早逝弟以莊字秀東官四川雲陽知縣有治聲友愛至篤

為怡怡樓以居克稱其名遵義鄭珍獨山莫友芝貴筑黃彭年皆嘗為之記三君天下所號為能文章者也光緒十二年冬予至省垣見公子培淦好學有家法述公事狀乞予文將彙入先德編因論次其大者以為之傳家世已具泰和周繼煦墓志及公子培年等碑記不贅公卒於光緒四年六月三十日春秋六十有五

論曰咸豐八年予年二十餘客有自貴陽來者盛稱高十二公之為人樂善不厭時私已識之不謂越二十有九年遂執筆為公傳也十二者公之行第黔之人不名公而但以行第稱盛德之感可知鄭五歐九之倫自古有其比矣

誥授光祿大夫山西巡撫鮑公墓志銘

公諱源深字華潭號穆堂晚又號澹庵和州鮑氏上世自晉咸和間新安太守宏家於歙四十三傳至康熙中有諱啟忠者於公為六世祖遷和之梁山鎮遂為和州人曾祖諱瞻附生祖諱本泰附生考諱東里皆以公貴　贈光祿大夫曾祖妣氏沈氏顧祖妣氏吳妣氏吳皆一品夫人公生而簡重沈靜有成人之目六歲遭曾王母以下喪哀毀柴立篤摯踰禮梁鎮歲比不登家中落光祿公經營劬悴色時不愉公發憤歎曰有急不能貸親憂焉用子為志學益力選道光丁酉拔貢生旋丁光祿公艱二十六年中式本省鄉試丁未成進士改翰林院庶吉士散館授編修咸豐元年　天子懋修典學造次必以儒先自程　詔選七人繕錄朱子全書公

與其一三年粵賊陷金陵公於是勇言事有請振乾綱儆積玩固人心諸奏　文宗嘉納四年命督學貴州時黔中苗禍已熾經過鎮遠黃平苗數攻城士民徒手抗賊有司以兵餉請公至省為大府言之不應遂以苗亂情形入告故事學臣不得擅言軍務有旨申飭自是不復再關兵事然智慮所得為義不辭難　上亦浸知公深　穆宗繼序倚任尤重公凡四為學政四入　上書房行走授世子讀再遇大考累遷侍講侍讀詹事府右春坊右庶子侍講學士侍讀學士擢太常寺卿大理寺卿都察院左副都御史補工部右侍郎轉兵部戶部兼禮部吏部侍郎迭充順天鄉試同考官　宣宗　文宗兩朝實錄館纂修日講起居注官順天鄉會試

磨勘官江南鄉試監臨散館閱卷大臣會試覆試閱卷大臣殿試讀卷大臣朝考閱卷大臣邀拜　上方珍物之賜不可勝計其在貴州也首發王安國之難王安國者遵義團首積功保至都司楊禦賊而陰與聯隣邑傳之有衆數萬潛蓄異謀端倪大顯郡守上變告急大府師莫敢誰何公試士遵義密飭郡守檄仁懷令江炳琳兼攝縣事江有幹才一夕便道入擒斬之衆遂瓦解麻哈州陷苗教合趨省城已至近郊烽火瞭及樓櫓省中公私匱乏上下縮手適平遠丁文誠公寶楨以庶吉士在家募勇剿賊公飛書乞援文誠即以兵赴至省饑甚士譁欲潰公急搜囊中得數十金出犒士皆感激曰學臺如是吾輩敢不效死即夜出城迎擊一戰而捷

賊隴種退去卒至黔亂十餘年全局糜爛省城根本之地遵義富庶之區保全無恙者因公始謀也其在廣西亦如其在黔時思恩團首林如海欲假考試斂費以兵至南甯迎公按臨意實廹挾公得情不往南甯知府某與如海比即掣撓百端文報出入皆有查聲息不得達省公迂道賀縣言狀卒置如海於法厥後督學江蘇順天大亂既平請開書局以饋孤寒釐正文體以崇實學士論斐然與黔粵時情事不侔矣同治十年遂有山西巡撫之 命軍興各行省久虐於兵獨山西號為完善吏治軍政率狃承平故習公至掃除一切與羣吏更始取舊案與新牘雜治鈲棼析微早夜孜孜克勤克慎必得當而後已始嚴鶯粟之禁使民重本食又以晉

省外樸外華力革淫靡風俗至為一變出行邊兵遵黃河而東遇險塞冥阸躬自履勘甚或徒步以從見者歎為宿將所不逮又仿曾文正公直隸練軍章程遴提鎮兩標軍士增益口糧練成勁旅足備緩急之用部內肅然坐是心力耗瘁積漸不支數請開缺勿許光緒二年陳乞益力得 旨報可其時晉省初旱即發糶賑濟及解任後乃遂變為奇荒公引咎責躬如不自克寓居江南之寶應縣踰年主講金陵上海書院布衣麤糲蕭然與寒畯無殊以光緒十年六月十四日告終春秋七十有三兩配陳夫人皆前卒子二孝光道銜江西候補知府孝裕附生提舉銜兩淮候補鹽運判女四人孫九人曾孫五人孝光等將以某年月日合葬公江甯太

平門外之丁家山具狀來請銘庶昌自咸豐丁巳即受公知光緒七年奉　命出使日本道經上海謁公於龍門書院公喜動顔色然語及時事輒欷歔歎絶生平惻隱民物憂國愛人之念至老彌篤蓋天性使然非可學而至也在京在外無赫赫名亦不立講學家名目而慎獨寡過表裏純白類古蘧伯玉之流世所僅覯以庶昌所見知公與兩江總督開縣李公宗羲而已其所論奏多關根本至計非外所悉聞公子別錄奏牘若干卷藏於家不以著著其卓犖在人耳目者銘曰

峩峩梁山大江之濆蘊蓄既深誕此哲人山輝川媚斂以鴻文玉堂金馬為國貢珍南紀不靖有猘黄巾乾綱乞振密勿敷陳輶軒

整俗黔士莘莘碩金受治亦躍於甄膏澤未竟四郡載仁春明回翔　上齋作賓　澱園被擾歲厄在申　鼎湖龍去攀號乞身重曦返曙衆正如雲起列朝省勸駕殷勤粵西禍本狼嗥虎蹲欲持玉節蕩彼荒榛嬴秦一炬有觸成塵漆書竹簡鉛槧可因在人未墜賴公一言萬手騈孴墳典以新晉畫四稔煦潘扶呻功成身退匪曰隱淪歸卧江左心眷北辰愛人學道是謂天民銘幽紀實永詔千春

臺北府知府循吏林君墓志銘

君諱達泉字海巖廣東大埔人曾祖某祖某考春山監生兩代以名貴贈朝議大夫君中咸豐辛酉科舉人以在籍團練議敘知縣

累保擢江蘇直隸州知府用　賞戴花翎為人精敏純白勤於吏事嘗一署崇明知縣縣俗善訟前任者多選耎不治事君至案牘坌集積盈架檔書吏以白實陰餂君君曰諾明日闢堂皇縱民入觀手判口決巧健替進更唆互證承伺顏色君逆折機牙使不得發前者辭窮後者大畏相顧愕眙私共驚歎老吏弗如旬月未浹詞訟殺減民志率服或咨君初任治劇果何操而能若此君曰吾無他術一坦誠相與耳期年調署江陰治法一準崇明民譽翔起又明年調補海州州故盜藪也當歲五六月盡禾黍滿野羣賊出没其中號青紗障子剽刼椎埋日中數發莫可誰何久官者識之命盜案率終歲日得其一者此為其極少矣他訟牒數倍此君布

設方畧會合營伍躬自逐捕盡鉤致渠首趙慶安張飛豹郭佃揚等按置諸法黨羽解落犬吠不驚境乃夜眠旁及民隱藝桑樹麻早夜孜孜如勤其家又廣為教條誘民以禮民益愛之予所重君篤在於是然君之治蹟尤以水利暴稱於人卓犖在目州有甲子河歲久淤墊水溢為害是歲天旱民嗸寡食君言大府條其利害請開此河即工振饑役作萬人廣所全活頌聲喁然其在崇明大疏沿海港口江陰濬城河及東橫河蠲錢萬緡釃渠蕩淤潮汐齧宣橋梁剗岸繕使完整橈檝利通櫂夫舟子謳歈載途光緒元年廷議改建臺灣淡水廳為臺北府增置縣邑制度草創任人其艱盱衡屬吏無若君可於是兩江總督沈文肅公葆楨閩浙總督何

公璟福建巡撫丁公日昌合疏陳請部臣猶持故事議駁　特旨
詔授臺北知府戊寅三月入臺治事百度劭新開番墾荒策防禁
姦軍紀民瘼寄成於君一任以勇旰宵疲勞觸犯炎瘴忘其有軀
病伏膏肓忽不自覺勤猶不已會贈君赴至悲痛長號疽發于背
踰月遂卒光緒四年十月九日春秋四十有九涖臺八月績止於
此君通脫簡易樂與人交悃款無奧喜經濟家言談輒飛舞初佐
丁公幕復為曾文正公所知嘗建三洋總督議事雖未行文正偉
之尚書彭公玉麟巡視長江經由崇明有老人者餞踣在途哀而
進食老人致詞林縣官在吾何至此言已泣下彭公以語沈公沈
公亦曰吾叩江陰邑士今令若何則對如前尹林公不復可得得

其次者惠我多矣相與嗟歎共稱良吏久之及卒臚語以聞請宣
史館列入循吏有　詔報可何公亦奏君以死勤事狀優卹如禮
贈太僕寺卿君於是獲上信友治民三者交盡朝野一致可無憾
辭配某氏子四振庚蔭生錫恆候選主事振江振瀛以某年月日
葬君某所君來服官蘇州始交於余誼篤且久其卒也君同年友
何君如璋已為碑文揚之神道予別撰墓志詒君子振庚刻而藏
諸墳趾銘曰

吁嗟林君倏焉已陳繭絲保障善理其棼所至日淺勤而有聞宦
以巧貴君獨守真不欺暗室還我天民治行絕異輿誦史甄昔在
漢世吏道首循璽書褒美降寵及身君施厥半已比古倫詔敦信

史永永千春銘此幽石無慚鬼神

李芋仙墓志銘

君諱士棻字芋仙四川忠州李氏道光己酉拔貢生以善詩為曾文正公所賞時與中江李鴻裔劍州李榕號四川三李君性通脫不中程度喜為無顧忌大言有狂名於京師間達官貴人往往折節下交而君顧落寞以此沈滯不進性又善哭咸豐之際粵賊亂起君語及時事多故或身世蒼茫如浮萍著於太虛輒欷歔痛哭同年生戲呼之曰文哀公君曰嬰兒笑語無常酒人墮車往往不死者其天全也公等以此生謚吾殊當吾意吾將與阮籍劉伶為徒矣與人語亦自系曰文哀公安慶克復君筮仕得彭澤知縣彭

澤晉徵士陶淵明故里君大喜到官攜琴一張書萬卷棺二具自隨名其二子曰松存菊存誦歸去來辭烽火達於鄰壘方據案吟哦不覺也一日語僚友曰吾為縣令長而使四郊多壘可乎即抗言軍情數事論高而闊曾文正公笑置之戒後無復輒言事未幾歸安慶狂益加率玩不恭同官忌者尤甚文正待君依舊賴是獲安余之交君實自茲始同治二年也已再赴官江西數年以臨川錢糧空缺案與巡撫使者劉公秉璋爭論於堂皇語侵辱之劉公不能堪劾君無狀遂罷居江西曠絶久不相聞光緒七年夏余在歐羅巴人有傳君詩至者末署忠州李士棻余曰文哀公固無恙耶即以其年歸至海外相見滬上追敘舊游各傷老大而君年六

十一矣然其狂如故初君在京師放縱詩酒與伶人杜蝶雲者暱及是蝶雲亦老流寓滬上仍倚歌曲為生涯君之一二故人始頗數數資給君君揮霍不顧金入立盡久之無繼落魄甚依蝶雲以居蝶雲奉君三年無失禮斯足以愧天下士已九年某月君還江西至安慶道卒春秋六十有三曾祖某祖某考某贈某官妣某某氏配某氏子二松存菊存松存先没孫幾人詩若干卷菊存將以某年月日葬君某所銘曰

瞿唐峽西涪水東有士曰李命實窮天放傲骨世莫容一官敝屣如轉蓬乾坤大句聲摩空（曾文正公贈詩有時吟大句動乾坤之語）死而死耳文則雄物蜕返始歸蜀宮湛湛江水涵青楓

光緒九年余在日本有傳君道卒者其言甚碻遂撰此文寄哀君本曠達士不拘行檢正不必以公家言為之飾諱昌黎志王適例具在也然君仕江西迭署數缺實有善政可紀當別敘述文成踰年始聞君尚存因錄副寄視君喜出望外以謂此等風誼雖古人亦何多讓頗復商訂字句一皆從之是年冬余奉諱歸里猶見之滬上抵家數月而凶問至矣君生於道光辛巳年十二月二十二日卒於光緒乙酉年八月初七日實年六十有五上海縣知縣莫君祥芝經紀其喪曾祖正藩妣氏秦氏閔祖濂妣氏何氏周父學泗妣氏周氏賀氏顧配羅氏子文琮即松存先沒文琛即菊存君卒三年亦沒孫四炘炯焯熯著述成者

有天瘦閣詩半六卷續集曰天補樓行記一卷炘等以本年某月某日葬君江西省城外西山寓書來告因自日本伐石謀轉致之豫章使埋諸墳趾光緒十四年五月黎庶昌坿記

江蘇按察使中江李君墓志銘

君諱鴻裔字眉生别號香嚴晚以居近蘇子美滄浪亭又號蘇鄰四川中江李氏曾祖純祖敦魯考崧霖舉人崇世藴德君以拔貢生中咸豐辛亥順天鄉試舉人旋入貲為兵部主事才高而學贍聲譽翔起公卿多折節枉交有達官諷使出其門許以鼎甲不應某相國素與君善君見其權勢日盛亦謝絶咸豐十年不樂在京將南游江淮未至鄂為胡文忠公林翼奏調赴英山大營未幾胡

公薨從曾文正公國藩於安慶君本文正門下士文正開幕府治
事辟召天下英俊程其器能君恆為之冠參與機要文正嘗曰眉
生豁達精敏應世才也密疏薦君堪任大受江南平明年遂權十
府糧道及北征剿捻又奏補君徐海道徐州綰轂南北時湘淮各
軍之討賊者數萬人更番休替糧械軍火皆以徐州為總匯君內
莞胥儲外充營務又以餘力治民所設施方畧甚具淮勇銳氣正
新銘字營勇嘗殺人君擒而治之卒張軍法與諸將接納撫以驩
好主客大和踰年擢江蘇按察使論功晉加布政使銜　賞戴花
翎寖寖大用矣而君遽以耳疾再請開缺竟不復出云君既罷官
閒居樂吳中山水從家蘇州得瞿氏網師園葺治之園故有老樹

怪石池沼亭館之勝積書數萬卷益蓄三代彝鼎漢唐以來金石碑版法書名畫以自虞閉門謝客儻徉物外身與世不復相關性內介無妄交交必有終始生平游宴甚廣而其契誼最篤若吳縣潘尚書祖蔭湘鄉曾襲侯紀澤開縣李制軍宗羲嘉興錢太僕應溥吳縣潘方伯曾瑋歸安吳觀察雲劍州李方伯榕湖口高大令心夔獨山莫徵君友芝此尤海內共知者可以觀所與已君卒於光緒十一年八月十五日春秋五十有五娶敖氏榮昌望族遘心疾不瘉妾二俱吳氏無子以從兄子賡猷嗣廩貢生候選道孫五人鶩候選知縣鵠鵷鷃鷗某年月日葬君吳縣四都十二圖善人橋金牛塢君書法甚精詩古文亦窺古人堂奥晚又好釋典皆以

為寄没後賡猷僅得詩二百餘首刻之君之至鄂也與庶昌從兄伯庸善即弟視余越二十六年矣銘君之墓其曷有辭銘曰

高才步追淵雲躅厥蹤治彭麟一角急流不居此其卓退棲吳中山水曲靈巖之宮與木瀆精魄永綏藏此麓

知府銜江蘇候補直隸州知州孫君墓志銘

君諱玉堂字森伯號右卿劍潭其别字也來安孫氏嘉慶道光之世風氣醇古士之窮而未達者或家居耕讀或以經術啟迪後進率守先民矩程無敢踰越尺寸非若近世之紛紜亡等也君始與昆季讀書發聞來安人及旁縣高才生從而問業者歲數十百人君悉稱量其材質高下指授義理無不得意以去多成就者嘗一

圭邑南板橋鎮章氏十年不遷其為縣人所矜式如此道光二十九年由廩饍生員選拔貢生　朝試優等例得用知縣而是時宣宗成皇帝重儒術以校官有風化責非端厚者不得與引　見謂君能勝任　命以教諭用歸未即補官遭內喪而大亂亦作咸豐八年粵賊破縣城君挈家出走佐防定遠敘功擢知縣既從軍吳會累保直隸州加知府銜　賞戴花翎為今大學士李公鴻章所器異論者謂將不次遷除而部章復選天長縣學教諭然是時君在滬職任繁劇大府留不遣皖撫果敏公英翰又為奏請開缺仍留江蘇已而轉餉入都道病至天津病甚僅達而卒同治十一年九月十七日也春秋五十有六聞者惜焉功名之際有天有人

獨在人為足恃耳天則無如之何也儒者讀書將以順性命之理君深於義理者必有以處之矣配王淑人子二芑仁國子監生軍功保舉府經歷　賞戴藍翎次點光緒乙酉拔貢生直隸州判敏而多文從余出使日本女六皆適士族孫三君卒六年王淑人亦卒合葬來安武家集東枒杈樹新阡所著書二十餘卷點皆編次藏弆考丙祖蔚文以君貴　贈朝議大夫加級　晉中憲大夫妣皆淑人其遠祖諱天馨者先籍句容仕明為衛千戶過來安樂其俗之樸厚也徙居之故今為來安人銘曰

遇於仕為躓符於德為充德於古為達仕於今為窮嗚呼森伯孰重孰輕何去何從今鑑古薄槩惟德之崇既無歉矣甯此幽宮

晉封通議大夫署雲南恩安縣知縣傅府君墓表

君自少則劬志於學年十餘入塾讀書讀偶誤塾師撻之流血創久不合君輟讀家居日以目誦蓋數年而默識五經又數年而益及醫經形法名法之學楗戶冥索日夜求通曉思欲推其術以濟世喜聚書不屑為章句記問口未嘗道理學家言而儒行絕特與人無苟合其於孝友睦婣任卹一意踐行無要譽意以故世知者少也道光十一年累試於鄉連蹇不得志喟然歎曰士莫恥於無用行莫醜於空言悔莫大於過時吾將出而驗所學矣乃客游四川四川人聞君名爭延致諸幕先後佐州縣治者十年最後畫吏檄讞獄稱之曰能君曰吾何能吾惟求其平未知死者果無憾焉

否也二十二年壬寅援豫工例入貲以府經歷選用籤發雲南二十五年署臨安府經歷先是谿處土司趙理有罪誅以旁支名維藩者承襲維藩與頭目李開元不睦理子平安倖復職煽開元使構鬨建水知縣某主劉維藩維藩懼堅壁嚴備以待君因轉餉至廉得其情單騎叩壘門諭釋之難遂解過恩安見山麓矗大木而下有焦骨問故土人對曰鄉俗惡盜獲則驅至此焚之君曰法至於是邪即言縣令請禁弗省踰年君來署知縣事立革此俗縣有石龍壩河夏潦漲過泛激為民害君謀除之而石堅滑不任錘鑿君編麻蟠石沃以油炬而燔之石皆焦潰逐流下工隨以施數百年水患一旦谿除如人沈痾之去體也民用大和歲亦有秋百姓

乃歌之曰我食我衣傅公富我我婦我子傅公父我治恩安三年他惠政多類是終以直道事人與上官意不合咸豐元年竟引疾去其弟殷巖問歸計君曰吾積俸至三百輒作一利民事未遑問家也五年十一月甲戌卒於四川宜賓寓次權葬萬縣春秋五十有五君諱羹梅字商巖德清傅氏曾祖九鼎祖廷琇考同聲配張氏繼配姚氏子四雲龍兵部郎中雲萬同治丁卯舉人刑部主事改官知縣雲夔雲昭女二君始以雲萬官刑部遇 覃恩贈階中憲大夫配皆恭人及雲龍加三品銜又晉通議大夫配皆淑人光緒三年遷葬德清之尚博村兩淑人祔德清一縣自 本朝以來多績學博聞之士君子雲龍其一也雲龍著書數百萬言以學行

顯光緒十三年奉　命游歷日本美利堅巴西祕魯古巴堪納達行數萬里驅馳王事近古甘英之儔經留日本年餘役畢將歸國出君譜狀乞為表墓之文禮辭不獲謹揭其大者列於阡餘具俞編修樾洪給諫良品傳中不備書也光緒十五年九月遵義黎庶昌表

誥封通奉大夫江蘇補用道李君墓表

君諱宗媚字輝亭晚歲獲善地於黔南五都舊庵實中段奉其高祖父母父母伯叔父母以次十餘人列葬其中别於左方隙地自營生壙取魏風樂土之意刻石墓門曰爰得我所因自號爰得安徽黟縣李氏本唐昭汭王後至宋銀青光祿大夫德鵬始遷祁門

南宋時有名定者再徙黟之懷遠鄉家南屏山下十七傳而至君
曾祖諱文耀祖諱世塀考諱高琳皆以君貴贈通奉大夫妣氏胡
氏胡氏王皆夫人君為通奉君長子粵賊之亂皖城不守倉卒與
通奉君相失君號泣四求卒遇之山谷中奉迎以歸後賈於外一
日心動還家太夫人方疾革語人曰兒不歸吾不瞑矣言未竟而
君至母子大慰是夕考終人皆以為誠孝所格鬼神或相之云安
慶之未克也君賈於銅陵大通鎮無幾何居積致富起家為素封
金帛流衍脩業而息益贏然非意所樂通奉君既没愈泊然寡營
於是專力為善以佐縣官之所不及其著者如晉豫大饑輸賑金
至數萬兩燕齊蘇皖粵西江右鄭州諸大水輸金又數萬兩銅陵

江隄敗獨修七千數百丈以衛民田輸金亦踰萬兩彙刊徽州鄉賢遺集數百卷捐置各省書籍致之國子監南學及焦山書藏自餘若宗祠義塾書院賓興橋梁道路救生公惠等凡世所號稱善舉無不黽勉圖維累輸金亦數巨萬兩他人得一已足者於君固自視蔑如也禮賢好古晚乃彌篤造次必依儒者嘗語其子英元曰聚財而不散是愚也散財而必邀名是私也可以想見君之性質矣昔孔子與子貢論富必以好禮為歸春秋時陶朱公三致千金再分散與貧交疏昆弟太史公以為好行其德漢時河南卜式上書願輸家財半助邊復持錢二十萬佐徙民天子謂式終長者尊顯以風百姓君之富果視二子何如而樂善博施力行不惑至

老益靡厭倦斯豈所謂富而好禮者邪其與陶朱卜式同不同未可知也君卒以光緒十七年九月十三日春秋六十有四先是光緒四年論晉賑功敘秩至江蘇補用道加三級嗣是不復再與時榮配余夫人側室氏林氏丁子三長英元附監生分部學習主事次英亨出嗣君弟宗輝早殤次英耆女子子三人孫一顯謨英元以某年月日葬君自營之生壙乞長沙王益吾祭酒先謙為志銘而以表墓之文屬余余始與君相知在日本時未及晤也光緒十七年余奉使歸國拜四川川東道 命道出長江君自大通附輪舟修相見禮懽若生平至安慶而別不謂其遂止於此也今表君墓神明契許其曷有辭遂書行誼如右揭於阡原使後世有攷光

緒十八年秋遵義黎庶昌

書全總戎軼事

道光咸豐之際粵賊亂起各省皆倚制兵討賊後乃稍稍召募方楚軍之未興也戰武宣桂林戰湖南戰金陵黔軍最著而全總戎尤以勇聞於時總戎名玉貴鎮遠人少落拓不偶初入營伍補名糧無所表見意頗不自聊及徵兵令下從征粵西乃稍喜每戰輒衣白裲襠以自標異驍果冠羣都統烏蘭泰公一見大奇之使募健兒三百人别為一營而是時湖北人田學韜者亦以勇名與玉貴埒烏公擢為左右翼凡戰皆此兩人先登為賊所指目及烏公戰没桂林學韜亦前死玉貴從他軍至道州賊酋楊秀清擁眾奄

至大將某棄營走營內金輜山積玉貴不忍棄謀督護而計未有出賊已迫近即挺身單騎橫矛立橋上厲聲謾罵且曰吾一人耳汝敢來鬬否秀清初起持重又未知大將已去惶視良久謂其下曰此白袍將吾聞名舊矣今觀其氣盛言壯必有伏不可墮其術中竟退玉貴飛報王者徐引還闔營無恙軍中莫不服其勇也總督徐廣縉爲繪圖呈奏錄首功白袍將以此名聞天下時以比唐薛仁貴云後隨向忠武攻金陵提督和春前在廣西湖南親見玉貴戰狀及是赴援廬州絕欲得玉貴自助咨向調往遂以副將署壽春鎮總兵玉貴既至相度廬州城外有平地可以立營而前後皆賊屯玉貴念非出奇不能取勝引兵直入其間置壘令曰以半

軍築以半軍護士皆注鎗持滿賊錯愕來爭且戰且築壘立成晝夜疾擊剗平十餘壘賊幾盡矣會攻城為礮子所傷數月不愈卒廬人惜之私立祠以祀或曰賊酋陳玉成疾玉貴甚使人於當道掘坑與戰佯北以誘之玉貴墜坑死余至江南欲問其事而竟無知者

書張敬堂軼事

靈壁張敬堂編修錫嶸同治五年統軍駐臨淮余在曾文正公幕府始識其人先是文正公北征剿捻所部湘勇遣撤殆盡僅存劉忠壯松山老湘營一軍餘悉倚淮軍辦賊公念淮軍五六萬皆淮南人不慣麵食且新建平吳大功將領頗驕蹇不樂受節度欲於

淮北別募新營使異軍蒼頭特起儲備西北之用而置將久難其人敬堂方解學政任歸自雲南雲南遭回匪亂後公私赤立學政入境供張闕如未及開棚試士遽丁父憂間關歸皖是時滇黔間驛道艱阻敬堂往往徒步以行公見之大喜謂其誦法儒先堅忍耐苦足勝將帥之任檄募敬字三營使隨湘軍戰守令與漸習會臨淮大水各營皆築隄自衛衢市中水深三四尺兵士市物者率乘船往來百姓流離滿野文正議發賑使敬堂主辦余竊聽其言論多近諛意頗少之私語幕府諸人曰侯相生平觀人百不爽一今或於敬堂而失之乎是秋余奉諱旋里及明年八月再至營則聞敬堂戰沒矣乃大驚於是庶昌心重敬堂悔前者之失言也敬

堂之援陝以正月六日行抵西安府兩花寨中途猝遇賊前後不能相救左右纔百餘人遽直前搏戰衆寡懸殊身中數創而隕事聞追贈侍講學士始文正初遇敬堂一見即許以為偉器恆與劉松山劉銘傳並稱密疏奏保卒其臨難勇決不茍退縮如是是真能見危致命無忝所學者然後乃知文正之知人為果不可及也

黎氏家祠記

古者別子為祖繼別為宗繼禰者為小宗大宗百世不遷小宗五世則遷此常法也然小宗有繼禰繼祖繼曾祖繼高祖之殊而廟制復有三廟二廟一廟之別先儒泥小記庶子不祭祖禰之文遂謂大夫士祭不及高曾不知其果得祭與否皆當視宗法而定不

因廟制為損益也魏晉而降制度疏闊廟祀代數大率準官品為差宋文潞公欲營家廟得唐杜岐公一堂四室之式始有所依循禮制之不修若此司馬文正公實記之而其撰書儀亦祇上祭曾祖不敢主高祖之議唯獨伊川程子以謂高祖有服無貴賤皆當祭及高祖朱子從之後遂垂為定制蓋其言深原禮意協乎人心天屬之至安而無以易也我　朝儒者萬氏斯大秦氏蕙田益稽經傳以證古大夫士禮確然得祭高曾祖禰甚明然後又知四親之祭為三代所通行無一廟祭禰二廟祭祖三廟祭曾祖之異後世失之乃不能詳也黎氏自遷遵義以來累代耕讀為業未嘗顯聞至嘉慶中王考靜圃府君始起家仕山東長山縣知縣世父雪

樓府君繼仕雲南巧家廳同知俱封爲奉政大夫先考雨耕府君亦仕開州訓導封修職佐郎而從兄兆勳仕至湖北隨州州判兆銓仕至雲南姚州知州小子非才又以二品頂戴記名道員充出使日本國　欽差大臣重荷　國恩日益昌顯於法當古大夫士皆得立廟咸豐之際雪樓府君自滇中歸里即規拓基緒搆建家祠於正寢之東遭亂未成燹毀於火齎志以没歲月變於上人事遷於下今又二十餘年而祠仍未舉廟祔之典闕如爲子孫者不能無疚光緒十年夏從兄兆祺書抵日本以祠堂爲謀擬醵金若干合建一祠即於祠後附置家塾以從簡易所以修雪樓府君之志而亦庶昌之素願然也因籌千金爲祠費未幾從兄即世議既

不諧費亦旋爲子弟輩耗去庶昌雖歉於心而力不逮矣遲之又久乃始就居室正寢中樓權備四龕之制以待異時擴充凡祭式祠規諸大端比傅前哲成模酌擬使後有所守又懼其不能持久也一皆從儉僅免貽數典之譏存餼羊之禮而已若夫祖遷於上宗易於下異時禰位之主既祧則宗莫能統必當另立支祠改易規制是又望於後之賢子孫而非今日所能計及矣庶昌記

附家祭條規

一家廟之祭四仲偏舉古禮皆然但居鄉儉薄深慮後難爲繼舉而復廢轉滋不敬今應照　會典所載品官家祭七品以上之文春秋二舉庶可永久遵行每歲定於二八兩月上旬擇吉致祭凡

高祖以下之子孫年已及冠者男婦皆會行禮此後既依典禮行
事則鄉俗所有端午中元歲除之祭皆改為薦新 祭期
一通禮所載品官家祭仍用俎敦籩豆等器原以存古禮於十一
又云代以時用槃椀者聽蓋恐費煩難製兼採司馬公書儀今人
別製椀楪等器專供祭祀及朱子本合用古器恐私家不能辦且
用今器以從簡便之說順適人情也今已照卓數置備槃椀杯楪
之屬另櫃存儲專供祭祀之用平時概不得擅取即祭祀時撤去
後亦應將祭品立刻傳卸他器洗滌潔淨照舊收存至古器一項
僅製銅爵三尊於參神時一用見意而已 祭器
一余嘗博考宋以後儒者家祭之禮以本朝吳江陸朗夫中丞所

定祠堂品物施之鄉俗最爲合宜中丞不用薦牲概用熟食又定爲四椀六盤四楪與吾鄉九椀之俗畧同今定割牲用羊一豕一但皆熟薦其品仍循照鄉俗每卓九數九數之中庶羞八椀雞魚羊豕四品必備餘則隨酌若余在家主祭則添用魚翅海參否則不必中間用湯一椀即古人和羹之義此則與中丞小異者也羹飯麵食在外兩邊祔位每卓祇用六椀 祭品

一行禮節文 大清通禮所載斟酌古今盡善盡美今應篤守而行二仲之祭用三獻行三跪九叩首禮忌日祭時節薦新朔望獻茶行一跪三叩首禮 行禮節文

一忌日之祭以三代爲率今應祭至梅溪公止後可遞推庶母劉

太孺人撫育我輩有恩以私情而祭異世則否生日之祭古典所無以後應一概致齋不祭忌日祭

一每歲令節為鄉俗所尚者如元旦則薦湯元端午則薦糉子中元即七月半則薦新穀除夕則薦茶食果品惟清明掃墓則仍舊用饌於墓上薦之不必在家行禮饌品以六為度時節薦新掃墓

一每月初一十五焚香獻茶朔望

一鄉俗凡遇令節用金銀錁錠或紙錢包裹焚化謂之燒包袱今改於兩祭時行之餘概删減燒包袱

一鄉俗上元節於墓上然燈為各省所無此與掃墓插標同一追遠之義亦仍而不廢以後凡正親然三夜十三至十五旁親及疏遠者

然一夜然燈

拙尊園記

結園居室之偏方廣不盈畝缺牆西南隅面山有庭三楹積書二萬卷其中疊石為池輪挹溪流瀉諸田穴牆以入池屈曲如菌芝如殘荷如蝶翼沿堧行纔七十步土薄而磽不中耘鉏念庭嚮當西曬審所植莫若卉木宜以故環池皆陰物也草則蘭蕙青莎蘘荷蒟蒻華則玫瑰月季海棠辛夷芍藥牡丹戎葵芰荷芙蓉紫薇木則梧桐槐柳櫞桂冬青果則枇杷林檎楊梅石榴桃梨杏李櫻橘橙柑以至交讓所植相思之木楊雄左思謬為蜀產異類者靡不羅列庭階之下每當風月交會翠綠墮地波沄微微俛仰其間

謀耳謀目倏然以清穆然以甯若忘其在深山中也園成友人莫庭芝來居之請所以為名余曰天下惟拙可以巳內營可以却外擾動靜交養游息斯能適真今揭子美詩意命之曰拙尊明吾志也莫君曰善引牓落成而為之歌歌曰塵坱坱兮八區眯不識兮路途子獨知止兮守故吾半畝宮兮聊且以娛充子之養兮神明適居逍遙兮遂初將蟬蛻萬物兮而天民與徒黎庶昌記

禹門山銘 有序

山舊名回龍順治丁亥丈雪通醉來棲易曰禹門直郡治東八十里樂安江經其麓支危隱秀有幽奇之觀道光中里人鄭珍莫友芝黎兆勳樂此搴日月至巳亥秋霽汎舟抵崖壁下刻石稱顯之

茲山一旦得與浯溪澹巖比誠異遭也世有漫叟涪翁當予知言予後三先生游幾五十年手剔荒翳履危捫石讀既竟顧視斜日挂村墟外煇映林薄裵回古徑寂慘長懷灑然見三先生風流被衣巖谷間也恐來者闃不聞且旌吾獨為銘識之歲在光緒疆圉大淵獻孟陬轂旦黎庶昌銘曰

禹門巉嵒不崩不騫上叢招提下遡洄淵文游所止炳燿牂揵企斯陳跡視我銘鐫

祭曾文正公文

維同治十一年歲次壬申三月甲辰朔乙酉門下士黎庶昌謹以清酒薄饌致祭於吾師太子太保武英殿大學士兩江總督一等

毅勇侯贈太傅謚文正曾公之靈嗚呼公遂無意於世耶昔日之戲言而真以至斯耶以公之盛德大業光輝充實其不朽於世者方將下凝河嶽而上為日星之垂斯固慊然無憾獨其耿耿在我者則不能以不悲始吾讀書識字嘗欲抗志夫先哲而如幽之燭無以辨於學術之歧自遇公而始有師以為世不復見孔子見公則亦庶幾自余之從公軍時方屯蹇追隨往復遂已十年及茲分則僚屬而其飲食教誨不厭不倦於我者視猶如子竊比回路之於仲尼吾之設心制事孤行寡合恆若與人異趣微公則孰諒余之不欺雖有時懷抱孤憤鬱不自得公匪直恕我且益慰勉我曰以待事會之可為公之文章舉世宗仰久矣乃獨以百年致託此

又惟公之命而非予小子之所能知嗚呼公今往矣伯樂逝而騏驥不鳴鍾期亡而伯牙絃絶絃非果絶而騏驥非果不鳴也賞音知遇之難蓋自古而實痛之然公之云亡日變月移世且將至於無復統紀又朝野上下君子小人所與為不幸夫豈不肖一人之私撫公棺而一慟陳薄奠以致辭嗚呼哀哉尚饗

弔諸葛忠武侯文

維光緒十三年五月二日前出使大臣黎庶昌道出沔陽謹以隻雞斗酒黍飯豚羹展謁蜀漢丞相諸葛公忠武侯之墓而為文以弔曰嗚呼天人之際蓋難明矣以公之純忠大節而志事弗克底於成以公之遠畧雄圖而漢祚終於不競豈非千載難平之故望

古者所為遺憾而霑襟神龍潛淵而久閟讀公之言教書疏與陳壽氏所志猶能彷像其生平余嘗論公之北伐其智則高祖定秦之智其心則湯武放弒之心亙古今而閒隻實聖哲之豪英暨今遵於蜀道越劍門登隴首又翔度乎籌筆之經營蓋深知益險難恃而乃身抗大敵詒君父以安榮世徒羨出師之名美孰追溯夫處患之艱貞如公之仁為己任死而後已匪惟百世所心敬鬼神亦且以震驚蓄私願於卅載今始得展乎墳塋雖雞黍之薄奠類蘋藻之潔精侯靈昭哉不昧翼髣髴而來臨

祭曾襲侯文

維光緒十六年閏二月二十三日癸亥總理衙門大臣户部侍郎

承襲一等毅勇侯曾公劼剛薨於位明日電赴至日本越七日月朔庚午出使大臣黎庶昌設位爲文遥祭之曰

嗚呼明德遠矣蔚此達人如何不恤遽返其真朝野咨歎余思愈紉我交君侯金陵克後嘉會合並雖不恆久二十五年爲屬爲友江甯節署幕府闐驩羣賢湊止余蝨其間湘鄉家法玉瑈金堅有斐年少薪火畢傳閒尋吾室恢謿大笑萬書薄腹避違敏妙岳牧量移隨侍北轅我戀一官匏繫吳門兩載南旋蘇甯非遠音訊雖通蹤跡則蹇太傅之喪赴悼梁木三市繞棺相見痛哭淚積襟裾江騰漲陸謂於師門不負所目歐洲千役我先君侯邂逅不幸召悔取尤寄詩薦勉慰我且留叢蜚聒耳忽聆鳳啾戊寅之歲侯來

自東建旆秉節聲光熊熊國書呈遞於法之宮彼都君長曰馬克蒙免冠握手頌文正公威德蓋世我適與從侯赴倫敦我駐巴黎往來參差如雁不齊使期報滿移馬得利曾不踰時遘伊犁事伊犁烏孫據為俄有遣使交收喪地八九玉帛興戎誰執其咎聚訟盈廷戰和唯否惟 帝知人 詔侯往取事有至難奪肉虎口相如叱秦完璧虜手棘[illegible]絲紛書然而剖英名海外震盪童叟萬夫僉酋睽目鬈首窺望顏色瞻天北斗我之聞 命奉使東倭始疑未信侯曰無訛英都揖別浮查日本杌隉屬邦贅猶旗狄狼跳于藩盜斧其悃急電請師濟以兵艦咄嗟定亂龍驤虎鬪眾醒大覺夢乃出窖辱書枉嘉謂無棘艱功大賞遺國光事闡我之奉諱侯

歸自西兼長譯署通變指迷媢嫉百端反脣以舐餐腥履革朋唉莫稽　天子明察功臣分定倚佐海軍國之彥聖懿親扶維共持樞柄丁亥七月我趨京華慰勞相歡推轂於家再持使節喜色在眉三年契闊遂止於斯東西新聞不識誰某吁嗟失氣若愾親舊大政治家所蓄未究天不憖遺亞洲之囿人言如此國則惜之感恤中外俟乎何悲我羈異域執紼有闕郵辭寫私以代奠醊嗚呼哀哉尚饗

拙尊園叢稿卷四

拙尊園叢稿卷五

遵義黎庶昌蒓齋

餘編之内

敬陳管見摺

奏爲敬陳管見恭摺仰祈　聖鑒事竊臣伏讀三月十三日　硃諭嗣後内外臣工務當痛戒因循各攄忠悃建言者秉公獻替務期遠大等因欽此仰見　虛懷納諫集思廣益凡百臣工苟有一知半解分當竭愚况如臣者奉使東西兩洋已踰八載聞見所接思慮所籌何忍緘默不言以負　朝廷望治之意項者法越事定外禍漸紓雖有球案一宗懸而未結將來無論如何擬議實不足

再煩兵端然則今日所宜加意講求者專在整飭內政矣易曰物窮則變變則通通則久處今時勢誠宜恢張　聖量稍稍酌用西法不必效武靈之變服但當求秦穆之榮懷中外協力圖謀猶不失為善國若徒因循舊貫意氣相高援漢家法度以自解臣慮後侮仍未已也謹就微臣管見所及為我　皇太后　皇上約陳數端一曰水師宜急練大支臣觀今日洋務之件未有急於水師者也而事體之宏大條理之精微亦未有如水師之難自同治初元曾國藩李鴻章左宗棠即建買船購礮開局製造之議誠見夫西洋船堅礮巨非此不能縱橫海上與之角逐迄今二十年來東南數省各自為謀鮮睹成效惟北洋水師粗立基緒然戰艦未備魄

力未雄實難責與西人匹敵臣愚以為中國沿海疆域袤延萬里又有臺灣瓊州兩島海外孤懸一朝告警非有平時練足百號之兵船斷難分布就此百號中宜定以六十號配為南北兩大軍專作攻敵之用每軍應有鐵甲巨艦四五艘仿照長江規模創設海部專統分年籌辦志在必成無事則派令出洋學習測量駕駛有事則發縱指使概歸海部主政庶幾章程一而號令齊可期得力

國家雖費不得已也沿海形勢以大沽為最衝要水師衙門必應設立於天津兵船統帶動涉外交宜委文臣大員不當目為武事而又鼓舞妙柄操自　皇上不惜巨金以養戰士或時破格以獎有功務使天下曉然咸知　聖意所措而水師始可用矣一曰

火車宜及早興辦西洋富强之術首在輪船火車火車之行於陸猶輪船之行於水理本至常毫無足怪而議者多持異端或曰修築鐵路有礙民生或曰興此巨工有關風水此皆未睹其形而妄下雌黄者也以　臣觀之西法中之便官便商便民而流弊絶少者獨火輪車一事耳輪船之利猶可移此就彼火車則非身至其地者不得乘非己有貨財者無可運即慮兩國構兵易以資敵殊不知丈尺之鐵折毁甚易修續頗難然　臣嘗在西洋矣目擊歐土鐵路其多類如蛛絲瓜絡而同治九年布法之戰光緒四年俄土之戰皆未聞因火車而誘敵深入也似宜　飭下北洋大臣派委妥員糾合公司先將天津至京二百四十里之火車鐵路勘辦興修

不出兩年可冀告成至時　鑾駕親臨一觀是非得失自不可掩然後　明詔各省逐漸仿行如　聖心以為不當不過不推廣而已存此權輿亦未見其有害也一曰京師宜修治街道西洋教法務盡地力家無不修之業國無不治之途而都會地方尤為精神所萃聚凡外國客之往遊者但觀其街衢之敞潔屋宇之整齊車馬之駢闐氣象亦足聳然矣大國倫敦巴黎姑不必論即小國如荷蘭比利時都會亦皆壯闊無比今中華乃自古最尊之國京師又四海仰望之區其外觀可謂不飭矣臣愚以為除　宮禁未敢輕議自餘內外兩城坊巷似宜　飭下五城順天府聽准官民共起公司設局修理　國家歲撥經費數十萬兩助入之仿照外國

章程抽收地稅房租以佐不足將街道一律平繕治使寬潔廣種樹林添設自來水火以便民用徙致豪富以實空閒置巡役以養旗丁籍工作以消盜賊務令兩城內外煥然一新蕩平如砥則四海之人皆將悅而願遊於吾宇矣夫西人最視此等為振作有為亦以此等為實事求是與其作為無益之舉動或致虛靡何如興此共睹之工程使人稱善此實於　國體民生兩有裨益者也一曰公使宜優賜　召見今之遣使古之交質也然西洋視公使甚尊每遇國家朝會讌饗慶賀大事多者歲七八次少亦三五次無役不有公使揖讓其間或立談或授坐各適其本國所宜而交誼立重輕即寓於詞色抑揚接見之頃彼之所以為禮者如此在我

自可仿而行之應請　皇太后　皇上每年於春秋和暖時　特
旨示期臨御便殿　召見各國駐京公使一二次接以　温語賜
讌款之凡其眷屬人等倒得侍從不苛以儀文概隨其國俗則
天顔半日之謙光轉足以伸彼瞻雲就日之忱而起其肅廟雍宫
之敬斯固無待　親政之期而即可舉行者也日本東瀛小國尚
有延遼鹿鳴交親等館以待四方賓客之至獨我中華大國通使
已久授餐適館寂然無聞臣甚愧之並懇於京師天津上海三處
特闢西式客館一所不厭崇閎巨麗輔以園囿足備壯觀凡遇各
國游歷之王公貴臣及往來公使人等延使居住用示懷柔未嘗
非外交之一助以先王經國大體而言則懷方氏治其委積館舍

飲食本周官之遺也就我 朝成憲而言則乾隆末年英國使臣荷蘭使臣來朝又有賜讌 保和殿頒賞 如意洲 清音閣之例在是在 皇上酌古準今而已一曰商務宜重加保護中外經商之法自昔不同從前口岸未開華商與華商交易尚可置而不問今則事勢迥殊西人長駕遠馭挾其輪舟巨舶駛入江海梱載如山東南大利幾至盡為所有同治年間李鴻章奏設輪船招商局與之爭競遂加恢拓至近年始挽回利權十分之一二然非仗國家洞悉外情協之以巨款濟之以運漕則該局有時尚難自立即此可為保商益國之證現在各省煤鐵礦廠逐漸增開電報之設延及七省近又有雲南五金盡數挖掘之 詔局面愈大則

端緒愈繁亟宜豫　飭經辦大員通盤計畫將來源銷路一一精
籌奏明定案庶幾有以善持其後　臣愚以為如興辦火車鐵路則
煤鐵不患其無用矣改鑄金錢銀錢則五金不慮其不流通矣公
務要件率先摘由電傳則電局不至虛設矣凡若此類必仰賴
朝廷權力明示扶持庶免公司倒折之虞即杜外人覬覦之漸商
務當日有起色否則聽從各省支節而為之徒有開辦虛名不聞
見功實效　臣實未見其可也一曰度支宜豫籌出入西人之經國
也每歲必合全國度支之數統籌豫算詳訂成書以昭示國內故
其取於民也恆視所出之度以為權衡取之雖重而民無怨懟其
法實與王制量入為出周官歲會月要之義相符今以中國至大

西人無不羨其地廣人眾足可自命强國而在我時若有貧寡之虞此最臣所太息者矣辦事首先需財財絀則事莫能舉而國弱國弱則侮之者眾而益貧西人豈真愚哉歲舉國賦幾半以養軍無異揮而擲諸大海之中蓋亦勢處於不得已也即如中國以水師為急務然竊計每年非確有五六百萬之餉即不能養此數十百號之船既練水師亦須整飭陸軍酌添開花礮隊鎗礮因之而改作局廠因之而擴充斯固勢所必然又非確有五六百萬之巨款不能供給裕如臣以各國度支比較至多莫如英國歲入二萬萬四五千萬兩出亦二萬萬四五千萬兩最少莫如日本歲入五千餘萬兩出亦五千餘萬兩而中國歲入不過七千餘萬兩量地

則不減於英國論財則未倍於日本出款又不可預知此所以剜肉補瘡興此廢彼無一而能持久也臣愚以為嗣後似宜將一歲全國度支應出應入之數　飭令各省分款核計豫約大綱於前一年先行奏聞彙候　朝廷處分或分最急次要尋常三等應付急要者務期如額　頒示簡明章程使之遵守不足之數然後酌取於民但令官吏無中飽之嫌出入有稽徵之册共聞共見足可告天下以無慚矣至於籌辦之法仍不外規仿西洋查西法所有而不入我釐金關稅者如官民俸入之稅準票印票之稅煙酒公司之稅火車電報信局之稅皆屬巨宗若能一一推行歲增當必不少而鴉片煙一項不問中外所產尤應嚴密重徵無使漏網夫

取民以濟用保國以衛民不當與言利之臣同日而語也以上數
端審今日時勢所交迫而必不可無度中國情事所能行而非敢
高論但有竭忠盡慮之愚初無黨同附和之見儻蒙　聖明鑒納
飭議施行於國是茍補萬分之一　臣感且不朽抑　臣尤有進者
方今四海合從連衡雖以日本一隅猶有所依傍獨我中國名為
共入公法實則屏之局外而交涉事件又極重大繁多一有齟齬
動煩　宸慮不知西人情偽大事必用力爭小事可因勢利導然
此非身親其境目驗耳聞亦難懸得要領今軍機為政本所在總
理衙門又洋務匯歸必宜多有數堂曾出外洋之員方足以廣獻
替誠使我　皇太后　皇上豁達洞觀特遣一二親貴大臣馳赴

歐洲一游經歷美國日本而歸綜攬全球虛心訪察必有歟然知
我內政之不足者臣愚以為莫如醇親王最宜矣如此不特目前
醇親王輔佐　樞廷處事必歸至當即異日　皇上親裁大政顧
問亦有折衷自强之本實在於是西人質性臣所素知若聞親王
奉　命出洋其接待之禮文必有異常隆重者勝於遣使萬萬矣
臣不勝激切惶悚之至是否有當伏乞　皇太后　皇上聖鑒訓
示謹　奏
中西交涉為古今一大變端所貴審度彼己擇善而從庶不至
扞格增患遣使八年出洋諸公從未有將中外情形統籌入告
者甲申三月法約既定因不揆妄陋具摺言之冀備　朝廷採

納不料此摺到京適值越事中變總署以其情事不合且有涉忌諱處竟寢而不奏將原摺退回殊覺可惜此稿本非密摺曾乞正於李傅相曾襲侯二公俱有復書今摘錄附後亦見所言不無微中云庶昌自記

李傅相函

尊議練水師築鐵路修治京師街道優禮各國公使保護商務豫籌度支並請親藩游歷歐洲各節大言炎炎深切時事足令小儒咋舌惜當軸未能盡知即嘉納未必施行解人難索可為太息耳張幼樵京卿亦有請設水師衙門之奏交南北洋會議目下和局又翻海防餉需支絀現在水陸各軍尚恐饋運不繼

更無餘力可議及此鐵路已有人奏請開辦　中旨令總署與敝處會商議復旋有條陳其弊以為斷不可行者中朝士夫因循襲舊之見牢不可破言事者多曉事者寡　朝廷揭牽成法回惑羣言不能灼見其所以然故議論多而成功少大疏未鈔發不審　批示云何想亦存而不論矣

曾襲侯函

大疏條陳時務切中機宜非歷年周歷外洋見聞精確不能洋洋灑灑暢所欲言其間修治京師道路及請醇邸出洋兩層弟懷之已久而未敢發台端先我言之曷勝快慰假令　朝廷嘉采碩畫實見施行則中國之富强可以計日而待儻再因循粉

飭意見紛歧則杞人之憂方未已也所奉 批旨如何仍乞鈔示

奉使倫敦記

光緒丙子十月余在江南通州花布釐金局蒙 欽差大臣禮部侍郎郭公嵩燾檄調出洋於是有奉使英國倫敦之役至上海始知其為駐紮三年也十七日乘英國公司輪船自上海出吳淞放大洋指南行約二千一百六十里可四日程而得香港經過浙江福建廣東三省境地福建以東臺灣障之西人謂其海為中國海嘗有大風又多暗礁船人以為戒又自香港指南行經七洲洋約四千三百一十里可六日程而得新加坡從雨中過越南羣山連

延隱約可辨新加坡為亞細亞斗入海中處最近赤道以圖經橐之蓋距二百四十里而遙迤西為馬納甲對峙者蘇門答臘別自一島不相聯屬舟行有時望見其地炎熱卑溼有春夏無秋冬山中奇花異卉冬至前後號為繁盛往游粵黃浦人胡璇澤園園皆西式有池沼而無亭臺畜養虎豹熊猿袋鼠鸞鳥之屬甚衆胡君固富人英俄二國皆假以馭民之職而郭公欲於此建設領事以之充補者也又自新加坡折而西北行約一千一百四十三里可二日程而得檳榔嶼英語如碧瀾凡乘法國船往者至越南之西貢而不至此嶼嶼山明水秀迤南多深林叢木閒其中有瀑泉直下數十丈甚奇偉也自檳榔嶼指西行約三千六百三十九里可

五日程而得錫蘭錫蘭佛所生也島周千餘里其泊船當南岸盡西處一海汊名曰高諾椰樹成林極望結實巨如瓜剖之有甘漿可飲土人貧薄或取饅頭果食之而飲此漿以解渴近岸有布喀剌瓦得寺經皆貝葉書文若連圓即印度字母也又自錫蘭易船指西行約六千四百三里可八日程而得亞丁是為印度大洋八日中無所睹惟巨浸稽天時有飛魚而已亞丁與阿剌伯連距紅海口三百五十里瀕海一山多石英人建礮臺設兵二千守之屯煤於此備輪船取攜阿剌伯唐世天方於漢條支也產駝鳥高可逾丈其卵大者徑三四寸予購得其一史記大宛傳所謂其巨如甕者也西洋婦女取其毛羽以為首飾又自亞丁折入紅海西北

行約三千九百二十四里可六日程而得蘇衣士當紅海中經過麥加城望見之焉地産加非其實大類蠶豆西洋搗瀹為茗與中國茶葉並行而麥加號為良品入麥西境後中國謂之埃及海海盡處分兩汊東出曰阿喀巴屬阿剌伯西出曰蘇衣士灣屬埃及中有大山曰西奈傳為摩西以十誡立教地蘇衣士界亞細亞阿非利加兩洲之間地本相連同治三年法人賴賽樸司建議以機器開河通商旅避大浪山海道之險糜費至八千萬金磅鑿之七年卒斷此峽而兩洲分矣自蘇衣士入新開河北行二百六十里可一日程而得波塞波塞臨地中海昔班超遣掾甘英往通大秦至條支臨海欲渡安息西界船人以海水廣大止之蓋即此海也

又自波塞正西行約二千八百十四里可四日程而得毛兒達島島形如臼犬牙曲抱為英國修泊戰船處地中海第一重鎮也街市整齊壯麗視波塞迴殊又自毛兒達西行約二千九百四十三里可四日程而得支布洛陀綰轂大西洋之口觀所謂山礮臺者環山穿石為隧道凡三重設礮門置礮五百餘尊高處距海面一千四百尺仰望若蜂窠然自此出大西洋折而北行沿葡萄亞法蘭西西境約三千四百五十三里可五日程而得掃司阿母敦掃司者英語南方之謂阿母敦則其碼頭也蓋自新加坡以西波塞以東相望萬餘里間無城郭大都之會其人民頗有夷狄之風焉至在丁而貧陋極矣紅海之中山皆童赤無草木至或終年不雨

人事地利無足尚者盡波塞而止至毛兒達而異境特開西洋局面見矣又自掃司阿母敦登陸乘火輪車行二百一十五里而抵倫敦時十二月八日也總五十一日凡行三萬一千七百十四里皆以英之買爾折計每買爾當中國三里云使英三等參贊黎庶昌記

卜來敦記

卜來敦者英國之海濱歐洲勝境也距倫敦南一百六十餘里輪車可兩點鐘而至為國人游息之所後帶岡嶺前則石岸嶄然好事者鑿岸為巨廈養魚其間注以源泉涵以玻璃四洲之物奇奇怪怪無不畢致又架木為長橋斗入海中數百丈使游者得以攀

援憑眺橋盡處有作樂亭餘則淺草平沙綠窗華屋與水光掩映迤邐一碧而已人民十萬櫛比而居衢市縱横日闢益廣其地固無波濤洶湧之觀估客帆檣之集無機匠廠師之興作雜然而塵鄙也蓋獨以靜潔勝每歲會堂散後游人率休憩於此方其風日晴和天水相際邦人士女聯袂嬉游衣裙雜襲都麗如雲時或一二小艇棹漾於空碧之中而豪華巨家則又鮮車怒馬並轡爭馳以相遨放迨夫暮色蒼然燈火燦列音樂作於水上與風潮相吞吐夷猶要眇飄飄乎有遺世之意矣予至倫敦之次月富紳阿什伯里導往游焉即歎為絶特殊勝自是屢游不厭再踰年而之他邦多涉名跡而卜來敦未嘗一日去諸懷其移人若此英之為國

號為盛强傑大議者徒知其船堅礮巨逐利若馳故嘗得志海内而不知其國中之優游暇豫乃有如是之一境也昔荀卿氏論立國惟堅凝之難而晉欒鍼之對楚子重則曰好以衆整又曰好以暇夫維堅凝斯能整暇若卜來敦者可以覘人國已　大清前駐英參贊黎庶昌記光緒六年七月

尊攘紀事序

宮城岡君天爵强識多聞仿通鑑紀事本末之例著書以紀國故始嘉永癸丑迄慶應丁卯凡十五年四十篇命曰尊攘紀事蓋取尊王攘夷之説而名也行有年矣天爵乞予序之日本沿古封建制度諸侯建國七十有三其後分多至二百七十餘而諸侯之中

又有所謂大將軍者為羣藩長天皇位雖尊然惟大將軍乃得專決國事號稱幕府文祿慶長之際德川氏秉政天皇恭已以聽虛擁神器幾三百年至嘉永中西洋英俄美先後叩關乞互市兵威強盛大將軍不能拒於是鄰藩水户氏倡攘夷之說士夫左袒闔然一辭欲以奪將軍柄而德川氏不悟遽起大獄激怒之適以速覆亡之禍內訌外沮迫脇無聊卒乃稽顙歸政奉還大權成其為尊王之局雖曰人事實亦天運使然莫之為而為者矣私獨怪當時士大夫以尊攘為名氣鋭甚既擯德川氏不用意必掃境攻戰盡反幕府所為申大義於海內乃不旋踵明治改元即舉向所攘斥者一變而悉從之而水户之論絕不復聞推移反掌何其速也

然則夷不夷亦因心之異視已耳於人國無與孔子作春秋明王道制義法諸侯用夷禮則夷之進於中國則中國之可知夷狄無定名定形褒譏予奪一本政教而言非謂舍己以外綜地球七萬里而皆可禽擾獸畜也史記大宛列傳載安息在大宛西最為大國臨嬀水有市民商賈用車船行旁國或數千里以銀為錢錢如其王面王死輒更錢效王面焉畫革旁行為書記以證今日歐羅巴事甚明而後漢時之大秦即今意大里史稱其俗力田作多種樹蠶桑銀錢十當金錢一質直無二價國用富饒各有官曹文書置三十六將會議國事其王無常人皆簡立賢者人民長大平正有類中國故謂之大秦定遠侯班超嘗遣掾甘英往通之不能得

當其時羅馬並兼歐土廣制萬里政教號令郁然可觀浸與漢家冠帶比倫矣況更千數百年間殊勢異變益務强兵並敵雜霸王假仁義修盟會若今西國者哉是以君子鑒往矯失將善謀其國惓惓焉慎固封域舍己短益彼長不敢輕喪所守亦不欲賤簡他人以詘釁端庶幾乎保邦常道天爵著書或亦有見於是歟至其文詞健快如水溢雲涌馬逸不可止自謂必傳無疑天爵既已知之矣予又何言

大清光緒九年癸未二月遵義黎庶昌

儒學本論序

日本長尾槙太郎入大學四年專修古典講習科撰儒學本論上下篇以明孔孟之術其意以為古之學一今則洋學盛行百端繁

興勢不能並日力以從事於儒則約而舉其要以西人著書之法為尋序孜究之方可謂工於擇術嗟乎儒為世病久矣自孔孟没而戰國縱横之術興至秦尤不信儒其亡遂立而待西人立法施度往往與儒暗合世徒見其跡之强也不思其法為儒所包而反謂儒為不足用是烏足語道哉孔子曰物窮則變變則通通則久雖百世可知豈非善觀世變乎曰形而上者謂之道形而下者謂之器又曰以制器者尚其象豈非今世西學之所從出乎曰送往迎來嘉善而矜不能所以柔遠人曰即以其人之道還治其人之身豈非公法條約之所本乎曰通其變使民不倦又曰行夏之時乘殷之輅服周之冕樂則韶舞使孔子而生今世也者其於火車

汽船電報機器之屬亦必擇善而從矣至如孟子其言尤合於時宜曰凡我同盟之人既盟之後言歸於好則訂約之說也惟仁者為能以大事小惟智者為能以小事大則交鄰之道也國君進賢必國人皆曰賢又曰不得罪於巨室則上下議政院之法也征商自賤丈夫始有布縷之征粟米之征力役之征則關稅之例也一齊人傅之衆楚人咻之引而置之莊嶽之間則學館之規也天之高星辰之遠苟求其故千歲之日至可坐而致聖人既竭目力繼之以規矩準繩以為方員平直不可勝用水搏躍可使過顙激行可使在山則天文句股重力之學也堂高數仞榱題數尺食前方丈侍妾數百人文王之囿芻蕘者往雉兔者往則房室園囿之觀

也齊王好樂孟子語以與百姓同樂齊王好勇孟子請無好小勇齊王好貨好色曰與百姓同之於王何有嚮令孟子居今日而治洋務吾知並西人茶會音樂蹈舞而亦不非之特不崇效之耳自餘若矢人函人可為巨礮鐵艦之喻鑿池築城守死弗去可為礮臺之喻而暴君汙吏必慢其經界遂至爭地以戰殺人盈野爭城以戰殺人盈城所謂率土地而食人肉孟子之所戒何一非當今强大之所戒孰謂儒果迂闊哉孰謂孔孟之道果不可施於今世哉僕向蓄此論在東西洋日久愈信孔孟之學為可行推此而言則聖人所謂凡有血氣莫不尊親更千百年後必有是一日特非耳目所及見故人不能前信久欲為讀孟子一篇以申余論因循

未及成今於長尾君書略發其凡未知能有所證明否也光緒十六年十月

燕集三編統序

周官大宗伯以饗燕之禮親四方之賓客往嘗讀而疑之以為賓客將君命聘問於王國而王國所以親之之道止於飲食燕饗間似不稱先王制禮本原之意釋之者曰不然詩大小雅之興在於成周盛時號為正聲鹿鳴一什冠諸簡首而鹿鳴常棣伐木諸篇酒醴笙簧籩豆羜牡言燕飲者居其大半降至春秋列國聘盟賦詩見志左邱明之所紀述仲尼之所稱歎尤往往而是禮所以謂始於飲食為人情之極致也且古者饗依命數行之於廟燕則行

之於寢饗有節燕無節燕則旅降脫屨升坐無算爵以醉為度其
疏數不同若此方今四洲遣使互駐事體絕重於古列國時而又
異言殊服政俗不同若非飲食燕會相與達款誠聯情好即不幸
扞格而有事然則使臣之在他人國遇令典慶節以禮延致王公
貴人精饌盛筵葡萄夜光毛冠金裾長劍陸離佩寶星而絡綬帶
者謂之饗可也良辰美景華燈明燭賓客滿堂筆札紛綸嘉殽脾
臄歌舞遞進者謂之燕可也余以光緒七年冬奉使日本有與國
同文之樂暇輒與搢紳儒流敘交會飲諸君子或為詩文以張之
而上巳重陽每歲必舉特別之會使與蘭亭龍山相配光緒十三
年余奉　命再至國好日密駸駸乎有唐世遺風愈益無事益得

與諸君子道故舊為燕樂於是會者愈繁詩與文日益多歲不下數十聚或有作或無作隨員孫子君異皆理而董之使自成帙今年冬余任滿將歸國又有餞別留別之燕詩文之外踵而為圖酬唱倍於曩昔非一編可容孫子因綜前後所得彙為燕集三編凡得詩若干首文若干篇均別為之題而屬余志其首嗚呼多矣自唐以來未之有也光緒十六年歲次庚寅十月遵義黎庶昌

養浩堂詩第二集序

余昔嘗從曾文正公游文正具知人之明號為得士凡士有一材藝之能者無不爭炫鬻於其門而非常奇偉之才頗間出於其中方其在安慶時逋寇未盡平也而識者有以卜其詩書之氣必能

靖禍亂而致太平金陵克復又一聚之江甯余因得盡交其賢豪長者一時朋好之樂以爲雖古今人才之會未數數然也文正既没曾不數年人才亦散之四方或老病且死余漠然無所信嚮乃走海外數萬里之歐羅巴獨居深曠求所謂朋好之樂者渺不可復得既六年而奉使日本日本與吾同文國也東京又爲人才淵匯首因栗香以交其國人後遂狎而求之如歐陽子所交石曼卿者久之游契日廣及余再至與國人益習而適又幸無事於是上自公卿大夫下逮布衣野老之倫往往歌吟嘯呼詩酒淋漓酣恣而不厭其視在江甯時殆將有以稱之余又以得朋好之樂於異國爲足慶也然余與栗香交十年栗香嘗守介不妄求合其位雖

不顯所交多端人正士必盡栗香所與而後於士無憾栗香之介余之博愛亦其居地使然歟余又以謂日本古多豪俠磊落之士其風俗感慨而悲歌與燕趙相類也栗香有室曰養浩堂余嘗登其堂二人者傲然無復畔岸於天下事知無所不言言無所不罄其於亞洲天時人事地利之故亦籌之悉矣栗香喜為詩然不常作余不善詩栗香數强余為之故其後集中吾二人倡酬之作倍於他人而栗香更謙下每有作必使余竄定頗有糾繩栗香不余逆也今年冬余將歸國乃裒集辛巳以還所作為三卷屬余曰為我序之夫栗香之前集余既已贅辭矣今又何言獨吾二人者之與游至密無間其交誼不可終闕而余前序所云由語言文字之

微以進於捐故蹈道之實者其言至今浸驗嗟夫栗香雖不自以詩名而讀其寄懷諸篇若伊香温泉之游墨江月夜之興豪蕩綿邈亦足以知其胸次所存矣光緒十六年十二月

醫說一首贈淺田栗園

儒道之所以異於他術者豈非以其心乎孟子曰惻隱之心仁之端也故必有不忍人之心而後有不忍人之政禹稷之已溺已饑文王之視民如傷仲尼之老安少懷皆具此不忍之心而已推之於醫何獨不然是以古昔聖帝賢臣若黄帝雷公岐伯俞跗之倫一草一木相與嘗劑於廟堂之上其重視人命若此西人之横行海内也日挾其呑噬之器瞰人肉而食之鐵艦如山岳巨礮卧而

隱人入其局廠而彈藥積如垣墉也凡所以求為殺人之具者無微不備而智者且益極精研慮以求異術之變化使機械技巧詭出而不窮充其器非盡族他人之種類不止斯亦忍矣雖有好善之情不足以勝其戕賊之性獨至於醫一若將之以謹慎行之以至誠然其法也疏猶不免武斷一切之意寓乎其間以治本原之證則非矣張仲景長沙方書號為聖作而說者猶以為有大人之病而無嬰孺之患有北方之藥而無南方之治況於水土食飲之懸殊體質強弱之異態國俗風氣之迥然不侔者哉日本淺田栗園先生年七十七矣精醫學生平篤宗仲景雖今日西法大行而卓然守正其術亦並行不悖門徒且益盛不衰所著澡泉餘錄嘗

推闡道家精氣神三寶之說宗旨頗與靈素爲近靈素之書實則養生家言也余嘗語先生東方食米之國與西人之食牛羊麪包者其人既性質不同醫理亦必有辨先生以鄙言爲中理也因申此義而爲之說以贈光緒十六年十月

題梅所文鈔

光緒十五年春有以書獻於僕者則日東人士西島醇也讀其書條達疏鬯步驟於眉山蘇氏父子之間知爲雋才而未即見已而君介隨員孫子君異上謁年齡甚少布衣芒屩岸然而前睹其貌翛爾而清聆其議論叩其胸所蘊蓄淵然而不窮也踰年出梅所文鈔示余乞爲正定余益有以覲其深文有所謂焚書說者讀始

皇本紀而致已慨其言曰方今異邦上下尊卑同權之說盛行此邦也雖未有秦皇焚書之事而道已焚矣余尤偉而奇之嗟乎周孔之道其在天地如大海之浸潤萬物而無微不澈無一時或息也豈惟道無息時即區區文字為道之寄迹亦且歷久而彌新異邦人不能知也當周末時游說蠭行天下騖於合從連橫而屈原乃於是時作離騷以香草美人委屑之辭攄寫其忠愛無聊之意今乃與日月爭光杜子美遭天寶亂離顛沛於兵戈擾攘之中而社稷君民一飯不忘其詩百世稱聖夫此二者所謂文辭之末而猶然不可廢如是況於周孔之道乎士患不自立已耳若其有志於道即盡心文字之間亦何不可輔世翼教願君之益勵之也僕

喜君論與鄙意素合輒道所見相質證遂以題於卷端光緒十六年十月

書高松保郎斷腕事

高松保郎者本名義智江戶人也江戶初為大將軍治所明治維新攺號東京故今為東京人保郎喜任俠能傾血性救人嘗慕魯朱家軹郭解一流之為人也少時與某藩士人某某氏善士人者豪傑士也識保郎於疇衆中遇待殊厚以族人女山內千代妻保郎二人者之與游相得甚親又要約為父子也士人者一旦觸某藩侯怒事莫解無人敢居間當是時藩法嚴而獄甚急非自殺不得明於是保郎慷慨矢誓曰此吾報已知之日也吾聞古有藉軀

報仇者今將斷吾腕以白某某氏之寃不猶愈乎乃往見醫士岡君明鄉說狀岡君曰異哉子之為也吾閱世久矣見有刎頸而死者矣有剖腹而死者矣從未聞自殘其支體以解他人之厄者且以子之所為斷腕而求余治是猶子放火而使余滅之也雖謂之愚可也保郎曰不然吾之所為非以為名高而立然諾也亦非有所利於其間也然而且為之何也夫人有不白之罪而坐視其死不仁與人共肺腑臨難胡越棄之非義知有可救之道而怯懦不為無勇是三者皆豪俠之所恥也吾之為此欲以愧天下之儒言而踈行者岡君曰善既如是任自為之保郎於是拔刀斷其左腕血淋漓盛以錦函使人馳報之某藩侯曰保郎再拜獻腕藩侯閣

下謹以贖某某氏之罪閤下幸加憐而垂察焉保郎死骨不腐矣某藩侯大驚亦心義保郎所為也乃謝其使者卒赦士人得不死而保郎亦以治痊列藩士聞之皆曰保郎奇男子也行雖不軌於正然絶一腕以存骨肉之交使其處君臣父子間脱遇不幸殺身以成仁固優為之矣保郎既已斷腕益思以身濟人創立宏通社闡西教游說至尾張又為忌者所陷其妻千代病以書抵尾張慰保郎詞多哀婉竟死列藩士復聞而悲之保郎今為愛生館主專以良藥救世予見之東京蓋煦然儒人也終身不言某藩侯故人不能舉其名氏余奇其事書告世之傳游俠者

拙尊園叢稿卷五

拙尊園叢稿卷六

遵義黎庶昌蒓齋

餘編之外

與莫芷升書

芷升六兄親家足下多年曠絕音問今春舍姪汝謙書來始悉山中兄弟近狀從兄介亭季和徙居省垣鄭子行表兄遂已物故蹇子振作宦蜀都而鄭伯更甥亦客游粵土庶昌更遠適數萬里之海外二十年來人事遷變風雲變滅不主故常獨足下歸然靈光仍為老師祭酒主講會城汲汲以古學倡導後進聞與汝謙輩撰國朝黔詩紀畧六十餘卷網羅放軼闡幽發微功在桑梓誠甚盛

業竊謂黔人之詩本朝如周漁璜宮詹鄭子尹及令兄子偲兩徵君允足為黔南冠冕自餘眾家如家兄伯庸篠庭亦皆能戛戛獨造克樹一幟合以二百餘年鴻篇巨製裒然大集潤色窮荒計不在盧雅雨山左詩鈔阮文達兩浙輶軒錄鄧湘皋沅湘耆舊集諸書之下似宜趁令弟善徵親家及唐鄂生觀察仕宦得意之際集貲付刻以廣流傳一蹇後死者責歲月不居世變多故正未可視為緩圖也庶昌自二年冬間應湘陰郭公嵩燾之調奉使出洋倏經五載駐紮者英法德日四國游歷者比瑞意奧葡數邦其於西洋情事窺之審矣歐洲一土富强者首推英俄二霸而俄人譎鷙志在並吞英則廣土眾民稍知持盈保泰人情法令嚴肅整齊自

當以英為舉首各國風氣大致無殊凡事皆由上下議院商定國主簽押而行之君民一體頗與三代大同然其國人顯分朋黨此伸彼絀絕似漢唐末流而於政令要為無損至與外人交涉全視國勢之强弱以論事理之是非外假公法與為維持內懷狙詐以相賊害又絕似乎春秋戰國今之遣使純是周鄭交質故智故其國既非蘇張之舌所能說亦非陳班之勇所可施計彼所以誇示於我者則街道也宮室也車馬也衣服也土木也游玩也聲色貨利也此猶有說以折之至於輪船火車電報信局自來水火電氣等公司之設實闢天地未有之奇而禆益於民生日用甚巨雖有聖智亦莫之能違矣其人耆利無厭發若鷙鳥猛獸然居官無貪

墨好善樂施往往學館監牢養老卹孤之屬率由富紳捐集爭相推廣略無倦容亦不為子孫計畫儼然物與民胞而風俗則又鄭衛桑間濮上之餘也每禮拜日上下休息舉國嬉游浩浩蕩蕩實有一種王者氣象決獄無死刑而人懷自厲幾於道不拾遺用兵服而後止不殘虐其百姓蒙嘗以為直是一部老墨二子境界老墨知而言之西人踐而行之鑒其治理則又與孟子好勇好貨好色諸篇意旨相合吾真不得而名之矣汝謙欲吾撮舉泰西大要於尊函一發其凡望賜示之不具庶昌頓首

巴黎大賽會紀略

西歷一千八百七十八年五月中歷之光緒戊寅年三月也法國

開賽會堂於巴黎至冬十月盡而散名爲哀克司包息相先未開會之前一年法以書徧幐各國請以珍物來會至是會者咸集於是殊方異物新奇瑰瑋之觀無不畢至其堂建於商得嫣司舊時練兵之所巨厦穹窿梁柱榱桷悉皆鍊鑄而函蓋玻璃下施地板東西相望外綴園亭池館市肆酒樓規模壯闊自西洋賽會以來詫爲未有予數數往觀默志厓略蓋千百中之十一耳地分三大區第一區爲各國房式及售零貨處在三納河西中一區爲講求製造各學及日用飲食之所在三納河東又東爲賽會堂堂長二百十四丈寬一百五丈阿房四周外柱刻石爲四大洲人物中左右三樓高聳而其中亦分三區左區陳設本國之貨中區油畫石

像右區為各國貨物此三區又各界出若干小區甬道縱橫物皆以類相從一類之中又分數十百類夜則照以煤氣燈華麗宏博至不可名狀入其中者但覺千門萬户光怪陸離目迷五色自西栅闌入大門為脫漏加得諾高樓樓上下兩重為作樂處容坐數千人下一層左右長廊環抱如伸兩臂近肩處各有小樓旁聳高出正樓數丈中懸徑尺餘鐵柱長五六丈以汽機旋轉之可升降自如正樓東嚮地漸低下迤平處鑿大圓池累石層級而上引水於樓闌外跌落赴注之如瀑布然池旁環踞石獅銅牛池內別設鐵管激為飛泉百道西洋水法類多如此循池左轉為法國飯館飯館之西有小花圃三北則累石為數池高高下下名為阿魁爾

亞模養魚處也東為虞衡公所東之北有屋數椽各自成式往往仿效野人所居茅茨樹幹互相枝拄內陳百穀蔬果種類及山林材木之屬又一間悉食穀果小蟲欲人究知其形狀也又一間以玻璃酒瓶裝為城甕日光射之五色璀璨成文又一間為風雨寒暑鍼表再北為阿爾及耳房又東則悉唐花小玻璃房約十餘座再東為講求百工新法之所東之北為巡捕房至此近河沿而止循池右轉為日國飯館飯館之西南有大花圃五唐花房三極西高處因石壁為園卉木翼然巳在長廊之外東為日本房白板矮扉以修潔勝迤南為瑞典挪而威堆義司埃及波斯房波斯房內陳設無多而承塵特為精致概用五色小方玻璃嵌成淺深凹凸

如石洞鍾乳然再南稍高為中國公所東嚮左右兩轅門飛簷正

廳三間陳設螺鈿几榻院中央一小亭兩廂十二間為售貨處所

售磁器茶葉古銅器雕刻象牙摺扇獨多會畢後中國以此房贈

伯理璽天德移建布洼得不朗囿内又東為暹羅房屋為唐花房

為馬爾哥小圃再東為陳設各種新式車輛處亦近河沿而止是

為河西之一大區由正中渡大橋而東為中區沿河左轉為歿求

救生救火航海諸法圖器之所北為水龍會再東為唐花房又東

為煙鐵兩作房為法國飯館飯館之北為石板印像處保衛牲畜

會處再北為唐花房為煤氣公司為巡捕房飯館稍東有建造房

屋灰石式樣所再北為克魯數製造廠待爾路瓦鐵廠由此轉東

為工部局為三沙孟鐵廠又東為火油木炭公司為唐花房克魯數以製造鋼鐵兼講礦務著名與英之烏里飭德之克魯伯鼎足而三待爾路瓦三沙孟亦其次也油炭公司之南法飯館之東有大花圃一小花圃八大花圃中引泉為池至此已近會堂門首矣沿河右轉為通商海口公局再東為唐花房及種花器具所唐花之中又有一所為英國花房又東為比利時飯館其旁有小房為英太子果下馬廐南為莫納哥房再南為日國回式房稍東又一花圃日國房之西為醫學館南為水龍會為火輪車公司為海關及城稅局稅局之東為英國農務機器廠廠之北比國飯館之東悉皆花圃布置略與左方同是為河東之中一區由此升階為會

堂上有平臺臺以石闌為護入會堂大門東嚮正中一長間較左右兩區為狹而橫分十四區第一區為法國古像古衣冠以次而英而意而美與挪而威而德皆油畫及白石雕琢人物德與法為仇讎此次不以他貨入會祇此存盟邦之誼而已土耳其以有兵事亦不與第六區為巴黎本城之物地段較長為全堂中央樞紐中左兩區交界處走巷中穹然一石墩建方五尺許塗飾以金一千八百七十一年法所償德國兵費象其多如此也又次而法而奥而日而俄而比而葡而瑞士與丹而荷亦皆油畫石像極東一區為法國工作藝術諸器用及珍奇寶玩之物皆國家官物也左一長間雜陳法國百貨橫分之區犬牙相入尤為細碎而直分者

共八行第一行首為學部章程次大學次中學次小學各堂應用書籍圖畫器物次印書局書坊之圖籍次丈尺句股權衡次醫學次文房百寶次照像次畫繪及顏料次天文地理次音樂音樂以被阿魯琴為多凡十二區第二行精致古銅及鏨花新銅器次貴重精細之家具次粗賤之家具次磁器次時辰鐘表次刀劍次糊壁花紙次香水脂粉胰皂梳篦之屬入之異芬沁人凡八區第三行織花錦毯次簾帳几榻所用之織線花邊次五色玻璃及玻璃掛燈瓶盤筒管等類四方亭一具最偉次金銀刀叉等日用器具次粗細氈毯次煤氣爐竈次鍼黹盒線織筐籃坐几小車之類凡七區第四行鎗礮及礮台圖式次粗細麻線麻布次各色布匹線

樣次手巾包頭領帶手套次金剛鑽石真金手飾鍍金盤盞次男女裹衣睡帽衾枕次各種戲玩器具凡七區第五行棉花線布次花素綢緞五色絲線皆用光學分別淺深攢集成文次大絨大呢次毛織粗褐次錦繡花邊次男子冠服次婦女衣裙鞋韈及剪綵雜花駝鳥毛如行萬卉叢中穠豔極矣次女披肩次行裝衣履箱袋凡九區第六行礦務各產次山林各產次農田各產次印花布次漁獵之具次醫藥化學材料次生熟皮貨凡七區第七行悉皆機器巨者數丈小者盈尺無下數百千種兩端雜以鋼條銅管此一行又並兩行之地而為一第八行各種車式及鞍韂鞭韁嚼鐙之屬次紅白各酒及造酒盛酒之器次魚果蔬菜次食油次麪包

次白糖蜜餞牛奶次豆穀籽種凡七區總五十八區右一長間為各國之物横分十八區右兩區之間有露空院落十八區又各自為門以像其本國之形第一區為英國英國之器約分四類一為局廠機器一為縫紉之器一為百工小技之器一為光化氣重等學之器次美國次瑞典挪而威次意大里次日本日本間一小區為農務局亦頗別致次中國所陳磁器木器為多而其出色者則以廣東繡屏為最次日斯巴尼亞次奧司脫利亞次俄羅斯多綠松石器物次瑞士金表首飾獨精次比利時次希臘次丹麻爾克次南亞墨利加共為一國次馬而哥堆義司暹羅波斯越南次呂克桑波爾莫納哥法國南邊一小國呂克桑波爾則荷蘭君主自

屬地也次葡萄亞次荷蘭總二十三國由是而言其四周南北兩周已盡惟東西二周兩長廊西廊即大門進處也右邊皆英太子威爾士所陳珠寶玩具蓋自印度攜來者左邊為哥布蘭織花錦毯賽勿爾磁器二廠皆極有名故特設於此又有沙爾勒滿尼一舊箱未知何所取義東廊雜陳男女百工技藝佐以音樂極東北張挂法國大地圖中梁懸一金球有機擺動之以象地行四角皆加非酒館堂以內規模備矣至於堂外東南北三面又各自為區南北分兩層近堂一層皆汽爐雜以花圃東一區有銅鐵大鐘有電氣機器有粗磁器有玻璃有唐花之從屬地來者有越南小屋有大會章程所有作冰機器局有與國麵包鋪兩端有飯館皆各

自為室一不相聯屬南之外一區由西而東為英國農務機器處精致馬車處次為瑞典挪威房次為意大里房次為學習兵船挂旗傳話處次為奧國廳房次為瑞士房次為比國廳房次為丹蔔二國小房次為荷蘭酒店次為水龍局次為巡捕房與東一區之飯館接至此有角門可出北之外一區亦由西而東有兩長廊皆機器再東為飯館與東一區之飯館接亦有角門可出兩機器房之中為北路大門東為辦公所西為供事人役住處堂以外規模亦備其大畧有如此者

刻古逸叢書序

予使日本之明年得古書若干種謀次第播行屬楊君星吾任校

刻惟夫古籍之僅存兵燹腐蠹之無常其勢不日趨散亡不止學士大夫雖病之而無術以免惟好之而即求求之而即傳差足救獘於後予非茍為其難也古書之流遺何幸復見於異邦而自予得之且以付刊焉予亦不自知所以然庸詎知非天之有意斯文而啟予贊其始也予患不學久矣今天假此使事歲月俾得從事讀書不可謂非厚幸予曰好古敏以求之請自茲始書成將斂其版運致之官局以與學者共之雖然卷帙之重而課成於再期校讐之繁而委積於一人或不免抵牾滋多而譾陋如予又不能精勘其誤失使讀者快焉其力僅足存此書而已古書之不亡古人之精神自寄之豈予所能增重而獨至蒐輯之責似若默以畀予

者固不敢不勉也書凡二百卷二十六種刻隨所獲概還其真無復倫次經始於壬午告成於甲申以其多古本逸編遂命之曰古逸叢書而別條敘目如左光緒十年歲在甲申七月遵義黎庶昌序

敘目

影宋蜀大字本爾雅三卷

此書末有將仕郎守國子四門博士臣李鶚書一行為蜀本真面目最可貴宋諱闕慎字其為孝宗後繙刻無疑日本再繙之今又從再繙本影雕展轉橅摹僅存郛廓而已按後唐平蜀明宗命太學博士李鍔書五經刊板國子監中見王明清揮麈餘錄爾雅在

五經外豈明清家有五經僅舉見本而言與鍔鷚不同據此可以

訂誤

影宋紹熙本穀梁傳十二卷

此與揚州汪氏問禮堂繙刻公羊傳同為建安余氏家塾本二書均題紹熙辛亥孟冬朔日建安余仁仲敬書而此本第十二卷末有國學進士余仁仲校正國學進士劉子庚同校國學進士陳幾同校國學進士張甫同校奉議郎簽書武安軍節度判官廳公事陳應行參校五衘余氏萬卷堂藏書記又題癸丑仲秋重校訖則穀梁之成當後公羊二歲矣此次撫刻俱精有取藍勝藍之妙附

校札

覆正平本論語集解十卷

此書根源隋唐舊鈔字句與今行本異同甚夥往往合於陸氏釋文字畫亦奇古卷末題堺浦道祐居士重新命工鏤梓正平甲辰五月吉日謹誌正平甲辰當元順帝至正二十四年其云重新鏤梓則以前有刻本可知然時代無考矣道祐錢遵王讀書敏求記及日本别刻題學古神德楷法日下逸人貫書者均作道祐予謂當從此本作祐是又有津藩有造館本論語集解亦出舊鈔異同處尤為近古皆卷子真面目也天保中有縮刻本

覆元至正本易程傳六卷繫辭精義二卷

程子易傳東都事畧直齋書録解題載六卷者是為原本錢遵王

猶及見之後世通行本並作四卷大失程氏舊第近金陵局刻本董氏真卿周易會通區作六卷實則未見原書此本雖元時坊刻然宋諱如貞恆桓慎敦等字多缺筆則元繙宋板也所有異同即坿於逐行字句下是東萊呂氏參定之遺尤爲難得原書無呂跋今從會通中錄出補刊於後繫辭精義二卷董真卿云東萊集周子二程子張子諸家經說語錄及二程子門人共十四家之說以補之然則館閣書目以爲託名者誤也惟卷首諸圖爲坊賈增入

覆舊鈔卷子本唐開元御注孝經一卷

孝經注疏序云明皇於先儒註中採摭菁英芟去煩亂撮其義理允當者用爲註解至天寶二年註成頒行天下仍自八分御札勒

於石碑即今京兆石臺孝經是也自石臺行而世幾不知有開元十年之注其實石臺即用開元本畧加修改而已此本元行沖序完然獨存惜未錄疏然於三才章格外注云疏中廣要道章注云疏下猶可見元氏分卷之遺經義攷引崇文總目云孝經正義三卷邢昺撰初世傳元行沖疏外餘家尚多皆猥俗褊陋不足行遠咸平中昺等奉詔據元氏本而增損焉與文獻通攷所引末句集諸儒之說異陳詩庭云叔明僅據行沖疏為本未嘗參採諸儒故今本猶止題邢昺校當以朱錫鬯所引為正

集唐字老子注二卷

日本有摹刻張參五經文字唐玄度九經字樣甚精與石本無異

又有南總（地名）宇惠攷訂晁以道本王輔嗣老子道德經注今合以
局刻華亭張氏本集張唐二家經字為之
影宋台州本荀子二十卷
朱子按唐仲友為一重大公案其第四狀云仲友以官錢開荀楊
文中子韓文四書貼黃云仲友所印四子曾送一本與臣臣不合
收受已行估計價值還納本州軍資庫訖此即四種之一卷末有
劉向敘目題荀卿新書十二卷三十二篇又有王子韶同校呂夏
卿重校銜名熙寧元年國子監劉子及校勘官十五人銜名又有
仲友後序蓋淳熙八年繙雕熙寧官本板心所題姓名即第六狀
云蔣輝供共王定等一十八人在局開雕者是仲友雖為朱子所

朱子注楚辭時年已七十識解在詩集傳之上世行本雖多往往闕辨證後語此獨完整中間宋諱多缺筆亦元翻宋刻與程氏易傳同作讀本最善

影宋蜀大字本尚書釋音一卷

武昌張廉卿所藏咸豐初年吳縣潘鄦侯手摹與士禮居蜀大字本孝經論語行款同鄦侯詑為黃蕘圃顧千里諸人所未見不誣也

影舊鈔卷子原本玉篇零本三卷半

此真顧黃門原帙逸千三百年而幸存注文之詳奚翅溢出大廣益會本十倍雖僅僅十分之一足可視為瓊寶予別有跋篇中故

部卷末有馬道二字馬道在大和國奈良興福寺旁古有學校當是出於此學所藏也單行本已出日本紙幣局長得能良介始從高山寺搜獲糸部卷首至綫字半卷摹刻以印本見詒因另刊補完故一卷中有兩次第闕之柏木探古云西京某氏尚存一卷在此刻之外但未知何部無從羅致耳

覆宋本重修廣韻五卷

此即張氏士俊澤存堂所出之本宋諱闕至桓字則欽宗時槧也日本町田久成所藏亦假用西法影照付刻張氏雖名影宋而據玉篇集韻改字頗多顧千里曾以無札記為憾又行款部位間有移易字畫俱一一排匀故明秀異常而遜其一種樸拙之氣今用

張刻校其異同別為札記附後

覆元泰定本廣韻五卷

此即　四庫提要所謂原本廣韻注文簡當者也予以大中祥符重修本比勘其視此書加詳者實祇姓氏地理兩門提要譏其冗漫亦良有以自重修本盛行此本傳世日希以顧亭林之博洽僅得見明內府中涓本況泰定時槧耶第不知提要所謂元初刻板又是何本也卷中匡朗等字時有闕筆其為出自宋板無疑惟俗體頗多譌舛亦衆今擇其顯然太甚者正之餘悉仍舊予見楊君星吾所藏明永樂甲辰廣成書堂宣德年間清江書堂兩次繙刻即此泰定本注文遞有刊落別有元至順庚午刻本刪節尤多然

則此本益重可貴矣

覆舊鈔卷子本玉燭寶典十一卷

隋著作郎杜臺卿少山撰原十二卷今缺第九卷其書用小戴記月令為主博引經典集證之較周書月令解呂覽四時紀淮南時則訓加詳此為專書故也開皇中奏上號為詳洽陳直齋書錄解題猶載之其亡當在宋以後耳

影舊鈔卷子本文館詞林十三卷半

文館詞林有二本一為高宗顯慶三年原修一千卷一為武后垂拱二年采詞涉規誡以賜新羅國王者五十卷此則一千卷本也今於林述齋佚存叢書外收得者第一百五十六卷詩一百五十

七卷詩一百五十八卷詩三百四十七卷頌四百五十二卷碑四百五十三卷碑四百五十七卷碑四百五十九卷碑六百六十五卷詔此卷殘六百六十六卷詔六百六十七卷詔六百七十卷詔六百九十一卷敕六百九十九卷敕東土僅存之本獲巳過半其中亦有漢書文選所載不盡逸文也字分大小兩種當以類從未獲者附存目錄於後

影舊鈔卷子本琱玉集二卷

通志藝文畧作二十卷入類書日本見在書目作十五卷入雜傳此僅存兩卷其體例每類以二字名篇先撮所引人物為耦語冠首再列故事書名於後畧似小傳實小説家言書法頗勁疑遣唐

學生之所為末題用紙若干張天平十九年歲在丁亥玄宗天寶六載某月可考見唐時卷子本舊式惟譌字頗多是必傳鈔之誤原籑不如是也

影北宋本姓解三卷

雁門邵思籑首有序題大宋景祐二年上祀圜丘後五日其書以偏旁分部始人終暢凡一百七十部為姓氏譜別裁原槧甚精頗類唐石經北宋本之極佳者向山黄村所藏

覆永祿本韻鏡一卷

三山張麟之撰有紹興辛巳嘉泰三年兩序其説本之鄭樵以為反切之要莫妙於此不出四十三轉而天下無遺音矣序末有慶

元丁巳重刊圖記亦宋板也日本享祿戊子（明嘉靖七年）清原朝臣宣賢繙刻之至永祿七年（嘉靖四十三年）又以張氏的本重校

影舊鈔卷子本日本見在書目一卷

此記從唐代齎來日本之書皆卷子本也原鈔出自大和國室生寺譌字甚多國人曾刻入羣書類從中點畫與此悉同題云七八百年前之物蟲蝕數字餘亦多可疑者然一從原文不敢妄改疑以傳疑之義也又有近人飫肥安井衡書後云右書目中所收爲部千五百七十九爲卷一萬六千七百九十分爲四十家七緯不著卷數又據頭銜蓋寬平中（始唐昭宗龍紀元年訖乾甯四年）佐世在奥所輯距公九百六十餘年按史先是貞觀乙未（唐僖宗乾符二年）冷泉院火圖書

蕩然蓋此目所因而作所以有見在之稱也據此則唐以前之書卷帙分明原委具在初無所謂古文逸書好古者當亦灼然知歐陽公百篇尚存之説其為寓言也無疑矣

影宋本史畧六卷

宋高似孫續古修似孫有經史子緯騷五畧子畧緯畧　四庫已著録騷畧見存目此史畧其佚者也序云依劉向七録法各彙其書而品其指意始寶慶元年十月十日畢十一月七日未及一月而書成蓋畧採眾家評隲之言以明史之綱領而已

影唐寫本漢書食貨志一卷

此食貨志之上卷民世治三字皆缺筆字體秀勁當為李唐人書

無疑往歲獨山莫子偲友芝徵君得唐寫本說文木部六紙驚為奇寶撰箋異一卷予為手摹以行與此可稱兩絕

仿唐石經體寫本急就篇一卷

凡三十四章日本天保八年道光十七年小島知足所書字體摹唐石經工楷雅致作初學讀本最善

覆麻沙本草堂詩箋四十卷外集一卷補遺十卷傳序碑銘一卷目錄二卷年譜二卷詩話二卷

此書前四十一卷宋麻沙本補遺十卷朝鮮繙刻本卷中惟題杜工部草堂詩箋卷第幾及嘉興魯訔編次建安蔡夢弼會箋者為是餘或稱黃氏或稱集諸家注或云杜工部詩史補遺或題臨川

黃鶴集注建安蔡夢弼校正或單加集注增修等皆坊賈妄為奪文譌字不可勝糾蔡箋繁而寡要適如錢蒙叟杜注敘例所譏可取者編年本獨此耳攷陳景雲注絳雲樓書目宋板草堂詩箋云草堂詩有高麗刻本如水筒詩何假將軍蓋之句蓋高麗本作佩注引李貳師拔刀刺泉事錢受之謂較蓋字為穩宜從之其為善本可知似未窺見全體惟翁覃溪復初齋集有二跋論最允當今採附卷末當　四庫開館時覃溪為纂修官此箋未經著錄僅收詩話一卷想其獲睹全書在提要告成後也

影舊鈔卷子本碣石調幽蘭一卷

陳禎明中會稽邱公明所著琴譜之第五卷也予非知音不敢是

正以待世之能鑒希聲者

影舊鈔卷子本天台山記一卷

唐道士徐靈府撰見直齋書錄解題及通志畧其書與琱玉集皆小說家言以唐人著述日少仿　四庫著錄桂林風土記例收之

影宋本太平寰宇記補闕五卷半

四庫著錄原缺自一百十三卷至一百十九卷此宋槧從日本祕閣借出亦殘闕不完幸存缺卷自一百十三至十七及十八之半因影照刻補而以太政大臣往來函件附後以著同文佳話桂林陳蘭森補闕視此可廢矣

按日本所存中土逸書古本如唐釋慧琳一切經音義一百卷希

麟續音義十卷此乃小學之匯歸佚文之淵藪有白蓮社刻本最為完整可據唐楊上善黄帝内經太素注原書三十卷今存二十一卷予獲有傳鈔本又曾借閲祕閣古寫卷子本春秋經傳集解三十卷其書出自隋唐舊鈔經傳字句異同極夥錄有校本又北宋本杜氏通典二百卷卷末鈐大宋建中靖國元年大遼乾統元年高麗十四葉經筵藏書圖記槧刻甚精北宋本世說新語三卷南宋單疏本尚書正義二十卷興國軍本不坿釋音春秋左傳三十卷南宋本集韻十卷晉官庫物又有楊君星吾所收緐刻宋蜀大字本任淵山谷詩注二十卷皆以卷帙繁重未能謀刻姑坿記於此以餉好事君子庶昌又識

書原本玉篇後

玉篇與說文並重說文討篆籀之原玉篇疏隸變之流予意其書必瞻衍宏博辯析羣言如自序所述總會校讎足補文字訓詁者及考今世行本大廣益會玉篇注文簡畧所引書多不詳出誰氏頗與野王序不應然自唐孫強加字以來經陳彭年吳銳邱雍等重修宋本孤行相沿且千歲無異辭學者雖致獻疑而莫由證其非已　本朝四庫提要據永樂大典兼引顧野王及宋重修玉篇悟為二書已斥大廣益本非孫強之舊而又以篇字韻不收上元本至謂重修本注文較繁故以多為貴則亦是臆度蓋不見原本之故也日本柏木探古舊藏有古寫本玉篇一卷自放部至方部

相傳為唐宋間物閒攜以示予予觀其注文翔實内多野王案云云真乃顧氏原帙也又有言部至幸部一卷水部涂字至洗字一卷糸部至索部一卷藏高山寺東大寺崇蘭館及佐佐木宗四郎家不可得而見採古皆仿寫有副因贈金幣假而刻之惟放部一卷採古祕惜殊甚别寫以西洋影相法於是顧氏之書逸久而幸存什一者得復傳於世今就此卷與張士俊仿宋本校金部凡三百四十九字張本增多一百二十四字車部凡一百七十五字增多七十三字舟部凡六十四字增多四十六字不特注文繁簡與重修本倍蓰懸殊即增加字數具可因此考見上元本之舊其可貴非直姚方輿大航頭二十八字也古書之亡者衆矣而字學尤

甚漢藝文字載小學十家四十五篇舉所謂史籀蒼頡爰歷博學凡將元尚訓纂無一存者僅存者急就篇耳玉篇又其晚出者獨足惜乎哉光緒八年壬午十一月遵義黎庶昌

跋日本津藩有造館本正平本論語集解

日本之有論語始於神應天皇十六年百濟博士王仁以論語十卷來獻實當晉武帝太康六年其時未知所用註解何家自隋唐通使一準中土制度大寶學令論語用鄭玄注何晏集解厥後鄭注廢而何解盛行轉相仿寫世所傳最古本有二一為津藩有造館本天保八年丁酉縮刻當道光十七年云係其國右大臣菅公昌泰二年所書唐昭宗光化三年也以第三卷末題曰手自書寫畢字樣既得其正

子孫可寶之丞相十八字為證一為正平本（甲辰道祐居士重刻本當元順帝至正二十四年）即錢曾讀書敏求記所誤稱高麗本者二書皆卷子本根源中土舊鈔文字奇古與宋以後行本字句增省異同可三百餘事以陸氏經典釋文證之多即所謂一本或本者也而有造本孝乎惟孝乎作于譬之宮牆之作諸與漢石經合惡果敢而窒者窒作室與魯論語合不知命章子曰作孔子曰與古論語合尤為近古則灼然知其為隋唐間傳本出於開成石經未刊以前無疑也今以集注本與校摘其異文於左凡兩本同者即不別出俾耆古君子攷焉

不亦說乎（說作悅乎作乎後倣此正平本作乎）孝弟（弟作悌後倣此）令色（色作色正平本作色）與朋友

交（交下有言字）道千乘（道作導後仿此）夫子之求之也（求下無之字）異乎人之求之
與（人下無之字）可謂好學也已（已下有矣字）未若貧而樂（樂下有道字）告諸往而
知來者（者下有也字）患不知人也（患下有己字）而志于學（于作乎）從心所欲（從作
縱）何以別乎（無乎字正平本有）子夏問孝（夏作夏）而後從之（後作後）不思則罔
（罔作冈）斯害也已（已下有矣字）學干祿（干作于正平本作干）書云孝乎（乎作于正平本作乎）是
亦為政奚其為為政（兩為政下俱有也字）雖百世可知也（世下有亦字知下無也字）女弗
能救與（女作汝後仿此弗作不）杞不足徵也（正平本無也字）媢於竈何謂也（無也字）大
廟（大作太）爾愛其羊（爾作汝）人以為諂也（無也字）使民戰栗（栗下有也字）焉得
儉（儉下有乎曰二字）有反坫（坫作玷正平本作坫）樂其可知也（也作已正平本作知已也）君子之
至於斯也（也作者）天下之無道也久矣（無也字）里仁為美（美作善）焉得知

知作智無惡也正平本無也字貧與賤是人之所惡也無也字不去也正平本無也字

我未見力不足者者下有也字蓋有之矣矣作乎人之過也人作民義之與

比比下有也字禮讓為國國作圀圀不患莫已知知下有也字一以貫之之下有哉字

見不賢賢下有者字勞而不怨無而字父母在在下有子字古者言之不出出下

有也字縲絏絏作紲焉用佞兩用佞下有也字禦人以口給無口字屢憎於人於人

二字作民不知其仁仁下有也字從我者其由與由下有也字吾亦欲無加諸人

人下有也字不可得而聞也也下有已矣二字未之能行無之字其使民也義無也

字正平本有久而敬之而下有人字告新令尹何如如下有也字之一邦之作至再

斯可矣再下有思字不知所以裁之之下有也字盍各言爾志正平本言作曰衣輕

裘輕作輊正求本作輕無施勞正平本施作施老者安之老作老不如丘之好學也也下

有巳字正平本作者也可使南面面下有也字哀公問弟子問下有曰字請益益作益正平本
作益不繼富繼作継後仿此曰賜也達曰上有子字曰求也藝曰上有子字冉求曰求作
有非不說子之道道下有也字女為君子儒無女字無為小人儒無作毋子
游游作淤女得人焉耳乎乎下有哉字出不由戶戶下有者字知之者正平本無之字
問仁曰仁下有子字井有仁焉仁下有者字如有博施有作能而能濟眾眾下有者
字德之不修學之不講聞義不能徙不善不能改四句末均有也字徙作從夢
見周公公下有也字舉一隅隅下有而示之三字則不復也則下有吾字正平本無也字子於
是日哭日下有也字如不可求求下有者字不知肉味肉作完正平本作肉又何怨怨下
有乎字老之將至云爾至下有也字好古敏以求之以作而三人行三上有我字
必有我師焉有作得以我為隱乎隱下有子字吾無行無下有所字孔子曰知

禮子下有對字君子亦黨乎正平本無此句君取於吳取作娶則吾未之有得得下有字也所貴乎道者三正平本無乎字不足觀也已已下有矣字不易得也也下有已字亂邦不居亂作乱正平本作亂後倣此不謀其政政下有也字周之德無之字天之未喪斯文也無也字大宰知我乎我下有者字有鄙夫夫下有來字雖少必作少下有者字我待賈者也無也字自衛反魯反下有於字後生可畏畏下有也字一不足畏也已已下有矣字吾未如之何也已矣未作末後倣此也已作巳也正平本作也巳矣三軍可奪帥帥作師正平本作帥夫何遠之有有下有哉字左右手右下有其字攝齊升堂升作昇後倣此正平本作升足蹜蹜如有循循下有也字袗絺綌袗作縝必表而出之無之字狐貉貉作狢齊正平本齊作齋後倣此必有明衣布布下有也字席不正不坐席作廗正平本作席立於阼階無於字再拜而送之無而字不敢嘗嘗下有之字先

嘗之無之字拖紳正平本拖作施見冕者與瞽者正平本冕作覍瞽作瞽子路共之共作供皆不及門也門下有者字德行正平本德上有子曰二字有顏回者好學學下有不遷怒不貳過六字今也則亡亡下有未聞好學者也六字以為之椁無此四字吾不徒行不下有可字大夫之後後下有吾以二字曰有慟乎曰上有子字而誰為為下有慟字敢問死敢上有曰字閔子侍側子下有騫字冉有有作子子樂樂下有曰字正平本無由之瑟瑟上有鼓字師與商也孰賢賢下有乎字過猶不及及下有也字師也辟由也喭作師辟也由喭也億則屢中億作憶如之何聞斯行之之下有也字大國之間無之字可使足民民下有也字非曰能之之下有也字春服既成成下有得字宗廟會同廟下有之事如三字非諸侯而何而何作如之何為之小為之大小大下均有相字正平本小下無相字其言也訒訒下有也字斯謂之仁已乎斯下有可字已下有矣字斯謂之君子已

乎斯下有可字謂下無之字皆兄弟也皆下有為字足兵兵下有使字民無信不立無作不
棘子成成作城何以文為為下有矣字惜乎夫子之說說下有之字正平本無犬羊
之鞟鞟下有也字徙義徙作徒正平本作徙愛之欲其生惡之欲其死生死下均有也字
是惑也正平本無也字吾得而食諸吾下有豈字博學於文博上有君子二字子帥以
正以作而苟子之不欲無子之二字正平本無之字草上之風正平本上作尚謂之達矣
矣作也爾所謂達者者下有矣字夫達也者夫聞也者俱無也字富哉言乎哉下
有是字忠告而善道之而下有以字道作導不可則止不可作否奚其正正平本正下有名字
曰吾不如老圃曰上有子字亦奚以為為下有哉字冉有僕有作子正平本作有唯其
言而莫予違也而下有樂字無欲速無見小利無均作毋小人哉也哉作不善
者惡之之下有也字小人難事而易悅正平本悅作悗兄弟怡怡怡下有如也二字危

行言孫孫作遜後倣此裨諶裨作卑子羽修飾之無之字為滕薛大夫夫下有也字
子路問成人子曰無子字人不厭其言其笑其取三句下均有也字子言衛
靈公之無道也言作曰道也下有久矣二字正平本無則為之也難則下有其字也難作難也陳
成子弒簡公陳恆弒其君弒均作殺正平本恆作桓二告夫三子之三子告均作
二三子不敢不告也正平本無也字今之學者為人人下有也字與之坐正平本之作人
恥其言而過其行而作之行下有也字夫子自道也道作遵正平本作道患其不能也
其不二字作已無抑亦先覺者覺作學正平本作覺有惑志於公伯寮寮下有也字辟世
辟作避後倣此宿於石門石門下復有石門二字過孔氏之門正平本氏作子修己以敬正平
本敬下有人字幼而不孫弟孫弟作遜悌童子將命命下有矣字居於位正平本居作踞在
陳絕糧糧作粮君子亦有窮乎正平本無有字見其參於前也參下有然字夫然

後行（行下有也字）卷而懷之（之作也）可與言而不與之言（無之字）而與之言（之言作言之）友其士之仁者（者下有也字）人無遠慮（人下有而字）終身行之者乎（無之字）勿施於人（人下有也字）如有所譽（所作可）今亡已夫（今下有則字）則亂大謀（無則字）非道弘人（人下有也字）憂道不憂貧（貧下有也字）小人不可大受（受下有也字）及席（席下有也字）何以伐為（伐為作為伐也）陳力就列（列作烈正平本作列）毀於櫝中（無於字）過與（與下有也字正平本無）而必為之辭（必下有更字）分崩離析（正平本析作折）政逮於大夫（無於字）吾聞其語矣（正平本前句無矣字）樂道人之善（正平本道作導）無德而稱焉（德作得）其斯之謂與（無之字）不學詩（詩上有曰字）無以言（言下有也字）無以立（立下有也字）聞斯二者（者作矣）退而喜（無而字）亦曰君夫人（人下有也字）學道則易使也（正平本無也字）君子不入也（正平本無也字）有是言也（正平本無也字）由

也〔無也字正平本有也字〕名南〔名作部〕鐘鼓云乎哉〔鼓作皷〕德之棄也〔棄下有者字正平本〕

〔無者也字〕可與事君也與哉〔無也與二字〕苟患失之〔正平本無之字〕奪朱也亂雅樂

也〔正平本均無也字〕覆邦家者〔無者字〕孔子辭以疾〔辭作辞辭下有之字〕食夫稻衣夫

錦〔稻錦下均有也字〕曰安〔安下有之字〕宰我出子曰〔正平本無子字〕難矣哉〔作難奚哉正平本作

難矣哉〕果敢而窒者〔窒作室正平本作室〕賜也亦有惡乎〔乎作也〕歌而過孔子〔子下

有之門二字〕何德之衰往者不可諫來者猶可追〔三句末均有也字〕不可與同

羣〔羣下有也字〕如之何其廢之〔其下有可字之作也〕伯夷叔齊〔夷作𡗝叔作舛〕不辱其身

〔身下有者字〕亞飯干〔正平本干作于〕播鼗武〔鼗作鞉〕周公謂魯公曰〔正平本謂作語〕不可

者拒之〔拒作距〕吾所聞〔聞下有也字〕我之大賢我之不賢〔正平本均無之字〕以為

謗己也〔也作已〕未有自致者也〔者也作也者〕是難能也〔無能字〕陽膚〔膚作膚正平本〕

作癘哀矜而勿喜喜作嘉正平本作喜紂之不善善下有也字如日月之食焉食作蝕正

平本焉作也譬之宮牆之作諸牆下有也字窺見窺作闚正平本作闚夫子之牆牆下有也字其

門而入入下有者字得其門者或寡或作戓正平本作或仲尼日月也尼下有如字無

得而踰無上有人字正平本無人雖欲自絕絕下有也字之不可及也及下無也萬方

萬作万權量權作攉正平本作權信則民任焉無此句公則說說則下有民字擇可勞擇下

有其字子曰不知命子上有孔字

跋日本活字板白氏文集

白氏集後記云白氏前著長慶集五十卷元微之為序後集二十卷自為序今又續後集五卷自為記前後七十五卷詩筆大小凡三千八百四十首集有五本一本在廬山東林寺經藏院一本在

蘇州禪林寺經藏内一本在東都勝善寺盋塔院律庫樓一本付姪龜郎一本付外孫談閣童各藏於家傳於後日本新羅諸國及兩京人家傳寫者不在此記又有元白唱和因繼集共十七卷劉白唱和集五卷洛下游賞宴集十卷其文盡在大集内錄出别行會昌五年夏五月一日樂天之所自記者如此是其集名長慶者祇五十卷寳歷以後不得以長慶賅之汪立名之疑審矣予得日本慶長年間活字本每卷實題作白氏文集不名長慶編次視今通行本迥殊與錢曾讀書敏求記所見宋刻廬山本合益知遵王言不我欺　四庫提要以所不見而譏遵王並及立名非確論也此本亦七十一卷無年譜而增多一卷確然出自唐時卷子本可

謂廬山面目也首冠元微之序序後題曰白氏長慶集五帙都五十卷凡二千一百九十一首又另分總目十帙題曰第一帙詩七卷總三百三十首第一二卷諷諭古調詩第三四卷諷諭新樂府第五六七卷閑適古調詩第二帙七卷總四百七十二首第八卷閑適古調詩第九十十一卷感傷古調詩第十二卷感傷歌行曲引第十三四卷律詩第三帙七卷總六百十五首第十五至二十卷律詩第二十一卷詩賦第四帙七卷總七十九首第二十二卷銘讚箴謠偈第二十三卷哀祭文第二十四卷碑碣第二十五卷墓志銘第二十六卷記序第二十七卷書第二十八卷書序第五帙七卷總二百十三首第二十九卷書頌議論狀第三十卷試策

問制詔第三十一二三卷中書制誥舊體第三十四卷中書制誥新體祭文册文附第三十五卷中書制誥新體第六帙七卷總二百五十八首第三十六卷中書制誥新體第三十七八卷翰林制誥擬制附第三十九四十卷翰林制誥勅書批答祭文贊文附第四十一二卷奏狀第七帙七卷實八卷四十三至五十七字誤總一百五十六首第四十三四卷奏狀第四十五至四十八卷策林第四十九五十卷甲乙判第八帙七卷實六卷五十一至五十六七字誤共五百五十四首後集第五十一卷雜體格詩歌行第五十二卷格詩雜體第五十三至五十六卷律詩第九帙七卷共三百二十八首第五十七八卷律詩第五十九卷碑誌序記表第六十卷碑記序解祭文第六十一

卷銘誌序贊祭文記辭傳（原脫文記辭傳四字從本卷增）第六十二卷律詩第六十三卷格詩雜體第十帙七卷共五百七十八首第六十四至六十六卷律詩第六十七卷律詩雜體第六十八卷律詩第六十九卷半格詩律詩附第七十卷碑記銘吟偈巳上十册共七十卷總三千五百九十四首與唐書及敏求記宋本卷數合其第七十一卷不入總目係律詩一百首前一行署刑部尚書致仕太原居易題銜與他卷不同蓋即續後集之一卷日本傳鈔當在廬山寫本後矣其鈌末四卷一百四十六首或是印行時巳軼去不可知然正編固自完然無闕實可寶貴末附陶穀龍門重修白樂天影堂記又有白氏文集後序即刻集者所為題戊午秋七月丁亥朔那

波道圖書於洛中遠望堂

養浩堂詩集後序

余始至東京聞宮島栗香之名於何君子峩盛稱其能詩既而栗香攜所作文來謁數與往復義理又知其能文然詩尚未睹也曾不數月而養浩堂詩集告成屬余綴言於後余覯子峩星使之序黃君公度沈君文熒之論難至為精詳其相臣三條君又推原栗香家學之所自出詩道備矣余何以贅為顧惟栗香之言曰僕於兩國交驩之始即匄何星使序首具有微意若幸賜大手筆而助僕素志則不朽盛事於是乎成亦修睦之一端其言有足多者君子之於國也亦各自盡其分而已春秋時列國士大夫聘問不絕

往往賦詩見志用意微婉是以聖人嘉而尚之今粟香之為抑猶是春秋遺風乎推粟香之志與事以充類至盡將由語言文字之微以進於捐故蹈道之美禮云禮云玉帛云乎哉此使者之所有事也因樂道斯旨以諗讀粟香集者於其詩不具論也光緒八年壬午重九日壬辰遵義黎庶昌

書森立之壽藏碑後

古之自營兆域者曰石槨曰壽藏曰生壙自宋桓司馬漢趙邠卿以來世多有之皆達者所為日本森君立之篤信好學喜聚鈔本古書點勘證訂自少至老卷嘗在手迹其生平事業若隱若仕界於醫儒之間今年七十有六宦游東京且十年矣東京昔所稱江

户者也立之别起冢先人墓側瘞其髦髮臍蒂而題曰壽臧之碑文以志之自古游子悲故鄉森君其有感於是耶抑狐死邱首誼當以此為正耶余意立之遭值承平仕不越境無去國之道要皆無取於是孔子曰身體髮膚受之父母不敢毁傷孝之始也立身行道揚名於後世以顯父母孝之終也森君之為其致若與古人同而志意則微遠已光緒八年壬午九月遵義黎庶昌

重九讌集詩序

光緒八年壬午重九予會日本人士於上野精養軒修登高約也明年癸未再舉斯會益充其人東士來與者曰森立之曰重野安繹曰川田剛曰巖谷修曰中村正直曰向山榮曰長松幹曰藤野

正啟曰三島毅曰龜谷行曰宮島誠一郎曰石川英曰森大來合使署人員凡二十一人同會署後之西樓使署據爽塏地樓又其最虛處可以憑高望遠日影加晡主賓即席雍容翼如筆札紛綸肴蔬迭輸每進益懽惟酒與奕予乃舉盞執觚而言曰登高之俗周秦相襲所從來舊矣齊晏嬰艾孔梁丘據侍景公於牛山是其遺也予意斯節者古以講武而然故宋武帝在彭城登項羽戲馬臺踵成為故事而南齊著令以九月九日馬射益厲習五兵順應天地清肅之氣於禮甚宜自唐貞元中肇置三令節重九其一詔公卿羣有司選勝地至日率官屬飲酒以樂後乃失真遂若為文士所獨有古今事變萬端即一重九而沿流輕重固已若此況其

他紛紛者乎諸君子服膺聖學經書潤其腹韋素被其躬國殊而道同羣離而情萃傳曰登高能賦可以為大夫宜有以張今日之雅者然如牛山之涕泣則無取森君老儒七十七翁雷聲淵默酌道用盅希韝鞠腃睟然其容辭自上坐作而嘆曰使君之言其可誦哉於是衆賓愉怡興有所會託物造端酬倡環疊賦新詩寫素心無管弦而極樂無禮數而有倫渢渢乎雅音也及夜酒罷各各盡懽以散彙其詩得若干首錄存而為之序遵義黎庶昌

跋江亭記

江亭記一卷日本友人宮島粟香所藏為詩九序記跋三皆文明時題左金吾太田道灌江戶城靜勝軒之作也方足利尊氏入京

都稱霸使二男基氏居鎌倉治關以東上杉氏為管領上杉分兩家曰顯定居山内曰定政居扇谷定政之臣有太田持資號道灌者具文武才精築城法及關東亂大將軍義政使道灌築江戸城備戰守時後花園天皇康正二年也城成道灌居而有之大布威信關東人士率背山内歸扇谷顯定縱反間陷殺之是為文明十八年道灌居三十一年而城為上杉氏有上杉氏居之三十九年復入於北條氏綱北條氏五代六十四年又入於德川家康氏德川氏稱幕府居此最久凡二百七十八年而明治維新將軍歸政定為皇城江戸改號東京今二十二年矣總四百三十三年彼四氏者更嬗迭興皆視此一城以為輕重即形勢可知也城據全國

之中負山臨海池深壘高雄跨津要非第名勝之足冠一州而已粟香工吟詠暇或登城凝眺芒羊以想望於盛衰興亡之會夫亦可慨然而賦矣光緒十五年三月

題藏名山房文鈔

余不才兩典使節於此獲與東人士游東人士亦以余久故與相習又同文也用詩文投贈比古縞紵之獻事雅且法余因是以讀其全稿者有三氏焉曰中村敬宇藤野海南岡天爵敬宇措注時事持議欲酌東西之中而劑其平其文若江湖之水波瀾渟瀯而無汎濫也海南儒者篤行自修其文若煦日晴雲翁靄使人可親也獨天爵志在用世百不遂一其懷抱鬱勃之氣充然不可詘止

其文若深谷高巖時露巉崿余讀其文悲其志未嘗不惜其窮老不遇而無大力者爲之援也往歲天爵嘗游我中土適有法越之難未得極其意興所至然北抵長城南逾嶺嶠亦足發胸中之奇矣今以藏名山房名編在天爵自處甚審非恆人所得喻文已有諸家評語不復細論論天爵之大者天爵亦許余爲有當知言否

光緒十五年己丑二月遵義黎庶昌

海南文集序

光緒戊子藤野海南没余爲之志銘刻石立於墓道之右其女眞子以書抵余謝既而眞子修儀上謁且執君遺文以請曰妾不幸遭先人大故弱質不任事有弟年幼後時樹立不可知恐不瞑先

人地下謹惟先人之在世也閣下許之以交及其没也辱之以銘今重野君等將謀梓其文若幸得一言為之序因以傳於世則先人死骨不朽矣余聞而重閔之始余之來東京也宫島誠一郎栗香首因何君子峩以交於余得讀其養浩堂詩集介為之序既又因栗香以跋元田東埜之詩而老儒森君立之精攷据學自為壽藏碑余亦書其後後益内交重野安繹成齋川田剛毅卿中村正直敬宇島田重禮篁村三島毅遠叔岡千仞天爵龜谷行省軒等皆博雅多識而以能文見稱以余之喜古文辭也往往過從出其所作相質證而天爵尊攘紀事余又序之最後乃交海南海南闇然内修不自表襮於文章頗趣嚮桐城亦取曾文正公陰陽剛柔

之説以自輔爲文醇實有法度設異日有耆古好奇之士欲裒輯日本古文以成一編如曲園俞君東瀛詩選故事者則海南其名家也余既喜海南論文與余平昔之旨合其女真子又能讀父書而海南之友重野君等當此漢學頹廢之際不忍聽其文滅没無傳皆足多也遂書以爲序己丑二月遵義黎庶昌

黄石齋詩第六集敘

神仙之説愚者惑焉智者信之非以其果能尸解形化吐納飛昇也仍當於文章道德之人求之耳凡方士所傳鍊丹符籙諸異術皆非也楊子雲曰仙者無以爲也有與無非問也釋名曰老而不死曰仙仙遷也遷入山也古今人惟莊周書善言仙理其曰逍遥

游養生主德充符吾嘗有味其言以爲真仙之要而後世神仙家如淮南王安魏伯陽葛稚川陶宏景之倫所著書具在頗迂誕使人失守無當於仙者意余所取乃獨在陶淵明李太白白樂天蘇子瞻陸放翁諸家之人之詩以彼襟懷曠適不爲事物所闗累超軼於塲壒之表雖舉仙人而歸之可也往者於吾土得一人焉曰枰湖老人巴陵吳南屏敏樹爲人若夷若惠放跡於君山洞庭間蕭然自樂其樂詩古文沖夷動澹讀其書知其蟬蛻混濁也今又遇黄石翁於日本翁當慶應末年佐彥根舊侯參藩務從幕軍西征頗樹偉績及王室維新諸侯納土歸政有司交轂薦於朝則又翩然高舉自甘肥遯爲無懷葛天氏之民今年七十九矣一日訪

余使署角巾藤杖鬚髮皓然儀度甚偉見者驚為神仙中人圖畫所不逮也翁生平喜為詩多至二千數百首共編六集前五集已播行今將以第六集付梓乞余為敘余因推論道家之旨以見世果有神仙者流如翁未可交臂而忽之也光緒十五年己丑八月中秋日使者黎庶昌敘

春山樓文賸序

小山朝宏君將刻其春山樓文賸以書抵余乞為之敘君之言曰僕齡踰六十平生苦辛經歷之跡僅有是耳則不得不益自蘄顧賜一言以慰蹉跎之身世余謂君言亦何悲也大抵人生涉世方其少壯時年富力盛志意偉然視天下事宜若無不可為及夫日

月浸馳更歷憂患或仕宦連蹇不得伸向之意氣積然就衰俛仰身世之間無足控摶則思託文辭以自見此自古賢人君子往往而有是矣君少以疏狂得罪久乃獲釋大將軍柄政之際羣藩分土而治士大夫過從或不如今世之密明治維新始一聚之東京君位雖不達而文酒游燕皆盡六十州之選遭時之隆似有過曩昔者斯足以復幕府之踦也為文紆餘雅潔與余所見重野成齋川田甕江中村敬宇諸子相伯仲君前有春山樓文選二卷之刻故此編名曰文賸實則是編多閱歷之言今不論論君身世之大者以為序光緒十六年閏二月遵義黎庶昌

跋外交餘勢斷腸記

勝君海舟以所著書二卷示余其涉國事者曰外交餘勢追溯嘉永癸丑以來與歐美各國訂約互市之顛末涉已事者曰斷腸記備舉生平更歷世患觸冒危難之險皆足裨史家掌故方王室未維新也大將軍德川氏柄政懲前毖後知鎖港孤立之為害於是創議通商而當是時衆說紛呶爭詆幕政失計以攘夷為宗主論非不正而不知其無濟世變也及長藩構難釁啟蕭牆兵連不克有河決魚爛之勢大將軍深察時變奉歸大權贊成帝業今二十餘年矣準前後事勢觀之然後知德川氏所處為極巨艱之會其臣節愈久而愈明耳語曰不習吏視已成事前事之不忘後事之師也君之述此豈止為幕府闡微也哉外交餘勢已有活字印本

余謂斷腸記亦宜排印並行庶幾君與德川氏心蹟不泯沒於後亦使論世者有所資以爲鑒也光緒十六年九月

日本正六位藤野君墓志銘

君諱正啓字伯迪別號海南愛媛縣松山人藤野氏光緒九年余闢使署西廈修重九登高約以賓晉東人士時未識君有來告者曰藤野伯迪蓄道德能文章兹會不可失因不介而致之升吾堂貌愉德充漢行而唐服褎然君子儒也自是雅重君明年夏余往游伊香保邂逅遇之逆旅君挈妻女偕行般桓山中累日究論漢學興廢及礦泉之理之說甚備時時見君點勘荀卿書手不釋卷瀕行出女真子彈琴作歌志別誼至懇篤真子多文而栗余私謂

君能型其家也君本以漢學著稱自國內攺尚西法仕東京二十年不甚顯由昌平學校教授充編修官凡十遷至正六位勳六等與重野安繹巖谷修長松幹數輩先後同官始終不離修史局其年冬余奉諱返國越三年再使日本君方養痾去京未即見歸自熱海猶手書賀正旦間一月耳君子漸來赴則聞君没矣年六十三惜哉余以異國人而與君交既又與君游卒乃送君之死以臨其葬此雖本邦親故朋好猶不易致況海外萬里乎非偶然已是不可以不書銘曰

書同文百王揆情之親不隔海我為銘播遐邇名在茲君不死

大清欽差大臣遵義黎庶昌撰並書光緒十四年二月

游日光山記

日光山一名二荒山又名黑髮山在日本下野國都賀郡距東京百七十里今為國幣中社國幣者明治維新創設官幣國幣分大中小等社始為此稱前世第曰二荒神社云爾當唐大歷初彼孝謙天皇神護慶雲間有勝道上人者登此山弘仁時（唐元和中）使唐僧空海弘法大師繼之佛教遂盛山下為大谷川跨以橋名曰神橋或名菅橋橋之右折入一二里所有小倉山濱一湖極幽奧矮松離立亭亭若人若車蓋御門主（皇族為僧者之稱）別墅也日光中有大瀑曰七瀧曰布引曰索麵曰裏見曰霧降曰般若曰華嚴皆數見異名大猷公廟在山之陽祀德川家康以還三代將軍東照宮又在

其東今為別格官幣社頗相連屬後水尾天皇元和元年（明萬歷四十三年）天海僧正（僧正僧官名）遷德川先代葬此二廟相望於白雲綠樹間飛樓湧殿迴環駁沓金碧錯彩壁皆髹漆如明鏡楣切礎柱黃金塗飾之承塵各為井字函鏤刻龍鳳金雞孔雀圜紋雜以花竹卉木而檐牙多出猛獸形瑰偉奇兀窮極人巧大率一準唐制也門外華表高三丈餘塔五層層矗二三丈有朝鮮制蟲食鐘其他石燈號蓮葉蟲蛀輪迴等屬者重列以百數皆各國諸侯所進獻德川氏武威之盛如此俛仰纔三百年而國勢亟變大將軍降於庶人釋道亦落國人至結保晃會歲醵金錢營繕之抑何其黜之甚也予以光緒八年七月游此信宿飲泉坐石得養性之趣一日騎

行入山十餘里觀所謂華嚴瀑者直下七十五丈果奇偉迤邐上至南湖南湖一名中禪寺湖近日光頂處泓水清淺直視可里餘衆峯圍之樹陰倒垂湖中幽秀移人下流即華嚴瀑湖西北二十里許聞有湯泉外國客所聚雨甚未能往游也

游鹽原記

鹽原在山峽中當日本下野國鹽谷郡之西連山皆石而獨宜木產楓尤盛葉又先紅於他郡者蓋其地高多風而早寒也始以峽中深險無涂徑好游者不一至焉勝亦遂不顯明治十八年椽木縣令三島通庸闢山穿道使與外通鹽原之名始著輪車既達於那須宮中顧問官高崎星岡君時一往游乃盡窮鹽原之蘊樂其

林壑之森美也度地置別墅暇輒休沐其間蓋得山水之趣莫善於此一日導余往游余以中土人未嘗有先者游之當自余始自那須西行十餘里入山紆道盤詘而上入愈深峽愈束奇益愈顯泉之淙然鳴琴者瀑之洶然赴壑者松之偃立若亭若傘者石之綿若雲者矗若筍者垂壁可摩刻者磥硊嶔崟熊升鳥騫者巖之斗出者奧者曠者竇者广者窈窕而脩秀者使人攬接不厭幾二十里而後至至則緣山皆楓葉棽棽叢叢紅者若縓紺者若緅絳者若丹日光射之皆班駁成錦彩誠極天下之大觀也若夫山中之景四時變幻不同雨暘明晦霜月高潔凡遘遇於心目而得諸興象之間雖善游者莫能盡其狀也高崎君別墅在箒川甘湯川

交會處川大水名也而此實小溪有橋當其前旁有蓬萊巖高崎君所命溯甘湯行數百步水流亂石間動岩可喜踰嶺而西則人家數十沿箒川居宮内次官吉井三峯別業在焉與高崎君相望也古諸侯卿大夫聘問鄰國感物造耑登高而賦者有矣未始軺傳四出互駐其國都履人國猶戶庭如今日者然則臨原之游余及高崎君窮幽極深一再信宿相與俛仰嘯歌於一堂之上以敘布衣昆弟之歡殆古人所不逮也此於交鄰之道若與若不與夫豈苟焉以娛悅耳目為快哉同游者爵位局主事宮島誠一郎譯官陶大均凡四人　大清光緒十五年九月游後五日使者遵義黎庶昌記

訪徐福墓記

紀伊日本南海也斗入海中號為多佳山水處與大和國中隔大山紀伊在其南大和在其北大和者神武天皇始都之橿原也由大和出紀伊多險絶難行非五七日不至而海道一日夜可達紀伊有那智瀑高百餘丈自海中望之如白霓下垂以此名尤著其地今屬和歌山縣牟婁郡當上古未立郡時概稱熊野云熊野三山曰那智曰本宮曰新宮新宮近海徐福墓在新宮山下余以七月二十四日自神戶趁商舶抵三輪崎登岸入山行十餘里至其地新宮人士導而前復踰一山得平田八九頃禾苗盈望福墓在其中央循田稜數百武至墓所面山背海僅餘荒土一坵未壂耳

縱橫可四五丈無所謂冢有古樹二株為記墓前一碑題秦徐福之墓傳為朝鮮人書元文元年新宮藩主水野氏所立元文元年當中國乾隆元年也碑左右積竹筒百餘中插花朵樹枝新宮人嘗祈禱於此以此為獻旁有二十餘冢各距數十百步傳為福之親近陵夷僅存其七余見者纔二墓東北又數百步為神倉山山麓有飛鳥祠福祠在其旁久圮故址猶可辨識返至新宮神社觀所謂福之遺物事甚荒渺不足道獨古老傳言福始至時尚在新宮東北七里許日本里每里約中國七里海岸名秦須地尤陿隘後乃徙此其言致足信以余游歷所經見日本平原廣澤甚多福胡為而獨取此豈當日風漂所至無暇細擇歟抑將以近其國都歟非可得而

詳巳福之子孫或言多姓秦今皆分散各處維新後悉易他姓或言藤澤驛福岡平一郎為福之後人嘗有贈物寄新宮神社或言有徐某在和歌山縣充醫士皆疑莫能明方秦始皇之遣福入海求神仙也豈意其止王不來及福挾童男女三千人以至亦欲廣强支庶貽之無窮今二千一百餘年間而族姓無一存者古與今相續其事皆大氏如是也然而人之欲為福而猶不止者則又何也光緒十六年八月歸後十日記黎庶昌

崇福寺鐘銘 有序

日本滋賀縣近江國園城寺山中唐院即智證大師廟也大師以文德天皇仁壽三年癸酉入唐齊衡二年五月至長安拜左街青

龍寺傳教和尚長生殿持念大德法全為傳法弟子天安二年六月還國持法全所贈梵鐘以來縣諸道場為法用之器厥後隳損失鳴遂納寶庫有年矣今茲庚寅十月二十九日當大師一千年忌辰前從四位勳三等元老院議官町田久成斐邀空寂度為園城寺光淨院兼崇福寺住職笵金依式重鑄而乞其友　大清欽差大臣黎庶昌為之銘時光緒十六年九月也銘曰

粵有巨鐘業牙旋蟲攡器鎣世聲遠以宏度中鳧氏振彼聵聾云自唐室浮渡海東長安古寺左街青龍歲久剎弊石則不庸弗鏗弗鼓納寶庫中鯨吞鼉息閟此廢宮物閱千變神力忽通沙門久成於論攷工于舞篆景橅笵形容薪火智氏續天台宗一百八叩

播之無窮

拙尊園叢稿卷六

大箸敬讀一過東萊博古同甫知今佩服佩服中有涉黔中軍事如禹門寺築柴始末及趙剛節神道碑等僅錄存以證鄙作黔事紀畧之同異是以遲繳執事人奇遇奇故文特有奇氣雖大恉遠祖桐城近宗湘鄉而不規規一格其言多經世意主實用則近南宋永嘉諸賢其合攷訂義理詞章為一手則似　國朝李穆堂先生其意在表章人物尤留心梓桑文獻又似全謝山先生鮚埼亭集特穆堂先生理學專主陸王謝山先生不分門戶執事所箸置佛藏記有薄主靜良知為援儒入釋之語為異趣耳然象山之主靜實能碻然有得陽明之良知亦從身體力行中來皆近乎禪而非禪其全入於禪者則慈湖之於象山心齋之於陽明前人已有

定論未可因弟子而薄其先生也所編次於涉洋事與人者概置

餘編尤見謹嚴微旨鄙見敬陳管見摺係未經進呈之作且多涉

洋事似可用冠餘編之首以歸一律再餘編中泛然酬應之作或

可再加删削如何如何寡識妄言幸恕狂愚愚弟羅文彬再拜